《蘇州全書》編纂出版委員會 編

# 〔弘治〕崑山志

# 蘇州全書

甲編

古吳軒出版社
蘇州大學出版社

**圖書在版編目（CIP）數據**

〔弘治〕崑山志 / （明）吴祺修 ；（明）顧潛纂．-- 蘇州 ：古吴軒出版社：蘇州大學出版社，2023.6
（蘇州全書）
ISBN 978-7-5546-2151-6

Ⅰ．①弘… Ⅱ．①吴… ②顧… Ⅲ．①崑山－地方志－明代 Ⅳ．① K295.33

中國國家版本館 CIP 數據核字（2023）第 097495 號

**責任編輯** 李愛華
**裝幀設計** 周 晨 李 璇
**責任校對** 周 嬌

**書　　名** 〔弘治〕崑山志
**修　　者** 〔明〕吴祺
**纂　　者** 〔明〕顧潛
**出版發行** 古吴軒出版社
地址：蘇州市八達街118號蘇州新聞大厦30F　電話：0512-65233679
蘇州大學出版社
地址：蘇州市十梓街1號　電話：0512-67480030
**印　　刷** 常州市金壇古籍印刷廠有限公司
**開　　本** 889×1194　1/16
**印　　張** 44.25
**版　　次** 2023 年 6 月第 1 版
**印　　次** 2023 年 6 月第 1 次印刷
**書　　號** ISBN 978-7-5546-2151-6
**定　　價** 360.00 元

# 《蘇州全書》編纂工程

**總主編**

曹路寶　吳慶文

**學術顧問**（按姓名筆畫爲序）

王　芳　王　宏　王　堯　王　鍔　王紅蕾　王華寶　王爲松　王衛平
王餘光　王鍾陵　朱棟霖　朱誠如　任　平　全　勤　江慶柏　江澄波
汝　信　阮儀三　杜澤遜　李　捷　吳　格　吳永發　何建明　言恭達
沈坤榮　沈燮元　武秀成　范小青　范金民　茅家琦　周　秦　周少川
周國林　周勛初　周新國　胡可先　胡曉明　姜　濤　姜小青　韋　力
姚伯岳　馬亞中　袁行霈　華人德　莫礪鋒　徐　俊　徐　海　徐　雁
徐惠泉　徐興無　唐力行　陸振嶽　陸儉明　陳子善　陳正宏　陳尚君
陳紅彥　陳廣宏　黃愛平　黃顯功　崔之清　張乃格　張志清　張伯偉
張海鵬　葉繼元　葛劍雄　單霽翔　程章燦　程毅中　喬治忠　鄔書林
賀雲翱　詹福瑞　趙生群　廖可斌　熊月之　樊和平　劉　石　劉躍進
閻曉宏　錢小萍　戴　逸　韓天衡　嚴佐之　顧　薌

# 前　言

中華文明源遠流長，文獻典籍浩如烟海。這些世代累積傳承的文獻典籍，是中華民族生生不息的文脉和根基。蘇州作爲首批國家歷史文化名城，素有『人間天堂』之美譽。自古以來，這裏的人民憑藉勤勞和才智，創造了極爲豐厚的物質財富和精神文化財富，使蘇州不僅成爲令人嚮往的『魚米之鄉』，更是實至名歸的『文獻之邦』，爲中華文明的傳承和發展作出了重要貢獻。

蘇州被稱爲『文獻之邦』由來已久，早在南宋時期，就有『吴門文獻之邦』的記載。宋代朱熹云：『文，典籍也；獻，賢也。』蘇州文獻之邦的地位，是歷代先賢積學修養、劬勤著述的結果。明人歸有光《送王汝康會試序》云：『吴爲人材淵藪，文字之盛，甲於天下。』朱希周《長洲縣重修儒學記》亦云：『吴中素稱文獻之邦，蓋子游之遺風在焉，士之嚮學，固其所也。』《江蘇藝文志·蘇州卷》收録自先秦至民國蘇州作者一萬餘人，著述達三萬二千餘種，均占江蘇全省三分之一强。古往今來，蘇州曾引來無數文人墨客駐足流連，留下了大量與蘇州相關的文獻。時至今日，蘇州仍有約百萬册的古籍留存，入選『國家珍貴古籍名録』的善本已達三百一十九種，位居全國同類城市前列。其中的蘇州鄉邦文獻，歷宋元明清，涵經史子集，寫本刻本，交相輝映。此外，散見於海内外公私藏家的蘇州文獻更是不可勝數。它們載録了數千年傳統文化的精華，也見證了蘇州曾經作爲中國文化中心城市的輝煌。

蘇州文獻之盛得益於崇文重教的社會風尚。春秋時代，常熟人言偃就北上問學，成爲孔子唯一的南方弟子。歸來之後，言偃講學授道，文開吴會，道啓東南，被後人尊爲『南方夫子』。西漢時期，蘇州人朱買臣負薪讀書，穹窿山中至今留有其『讀書臺』遺迹。兩晉六朝，以『顧陸朱張』爲代表的吳郡四姓涌現出大批文士，在不少學科領域都貢獻卓著。及至隋唐，蘇州大儒輩出，《隋書·儒林傳》十四人入傳，其中籍貫吳郡者二人；《舊唐書·儒學傳》三十四人入正傳，其中籍貫吳郡（蘇州）者五人。文風之盛可見一斑。北宋時期，范仲淹在家鄉蘇州首創州學，並延名師胡瑗等人教授生徒，此後縣學、書院、社學、義學等不斷興建，蘇州文化教育日益發展。故明人徐有貞云：『論者謂吾蘇也，郡甲天下之郡，學甲天下之學，人才甲天下之人才，偉哉！』在科舉考試方面，蘇州以鼎甲萃集爲世人矚目，清初汪琬曾自豪地將狀元稱爲蘇州的土產之一，有清一代蘇州狀元多達二十六位，占全國的近四分之一，由此而被譽爲『狀元之鄉』。近現代以來，蘇州在全國較早開辦新學，發展現代教育，涌現出顧頡剛、葉聖陶、費孝通等一批大師巨匠。中華人民共和國成立後，社會主義文化教育事業蓬勃發展，蘇州英才輩出、人文昌盛，文獻著述之富更勝於前。

蘇州文獻之盛受益於藏書文化的發達。蘇州藏書之風舉世聞名，千百年來盛行不衰，具有傳承歷史長、收藏品質高、學術貢獻大的特點，無論是卷帙浩繁的圖書還是各具特色的藏書樓，以及延綿不絕的藏書傳統，都成爲中華文化重要的組成部分。據統計，蘇州歷代藏書家的總數，高居全國城市之首。南朝時期，蘇州就出現了藏書家陸澄，藏書多達萬餘卷。明清兩代，蘇州藏書鼎盛，絳雲樓、汲古閣、傳是樓、百宋一廛、藝芸書舍、鐵琴銅劍樓、過雲樓等藏書樓譽滿海内外，彙聚了大量的珍貴文獻，對古代典籍的收藏保護厥功至偉，亦於文獻校勘、整理裨益甚巨。《舊唐書》自宋至明四百多年間已難以考覓，直至明嘉靖十七年（一五三八），聞人詮在蘇州爲官，搜討舊籍，方從吳縣王延喆家得《舊唐書》『紀』和『志』部分，從長洲張汴家得《舊唐書》『列傳』部分，『遺籍俱出宋時模板，旬月之間，二美璧合』，于是在蘇州府學中槧刊，《舊唐書》自此得以彙而成帙，復行於世。清代嘉道年間，蘇州黄丕烈和顧廣圻均爲當時藏書名家，且善校書，『黄跋顧校』在中國文獻史上影響深遠。

蘇州文獻之盛也獲益於刻書業的繁榮。蘇州是我國刻書業的發祥地之一，早在宋代，蘇州的刻書業已經發展到了相當高的水平，至今流傳的杜甫、李白、韋應物等文學大家的詩文集均以宋代蘇州官刻本爲祖本。宋元之際，蘇州磧砂延聖院還主持刊刻了中國佛教史上著名的《磧砂藏》。明清時期，蘇州成爲全國的刻書中心，所刻典籍以精善享譽四海，明人胡應麟有言：『凡刻之地有三，吴也、越也、閩也。』他認爲『其精，吴爲最』，『其直重，吴爲最』。又云：『余所見當今刻本，蘇常爲上，金陵次之，杭又次之。』清人金埴論及刻書，仍以胡氏所言三地爲主，則謂『吴門爲上，西泠次之，白門爲下』。明代私家刻書最多的汲古閣、清代坊間刻書最多的掃葉山房均爲蘇州人創辦，晚清時期頗有影響的江蘇官書局也設於蘇州。據清人朱彝尊記述，汲古閣主人毛晉『力搜秘册，經史而外，百家九流，下至傳奇小説，廣爲鏤版，由是毛氏鋟本走天下』。由於書坊衆多，蘇州還産生了書坊業的行會組織崇德公所。明清時期，蘇州刻書數量龐大，品質最優，裝幀最爲精良，爲世所公認，國内其他地區不少刊本也都冠以『姑蘇原本』，其傳播遠及海外。

蘇州傳世文獻既積澱着深厚的歷史文化底藴，又具有穿越時空的永恒魅力。從范仲淹的『先天下之憂而憂，後天下之樂而樂』，到顧炎武的『天下興亡，匹夫有責』，這種胸懷天下的家國情懷，早已成爲中華民族精神的重要組成部分，傳世留芳，激勵後人。南朝顧野王的《玉篇》，隋唐陸德明的《經典釋文》、陸淳的《春秋集傳纂例》等均以實證明辨著稱，對後世影響深遠。明清時期，馮夢龍的《喻世明言》《警世通言》《醒世恒言》，在中國文學史上掀起市民文學的熱潮，具有開創之功。吴有性的《温疫論》、葉桂的《温熱論》，開温病學研究之先河。蘇州文獻中蘊含的求真求實的嚴謹學風、勇開風氣之先的創新精神，已經成爲一種文化基因，融入了蘇州城市的血脉。不少蘇州文獻仍具有鮮明的現實意義。明代費信的《星槎勝覽》，是記載歷史上中國和海上絲綢之路相關國家交往的重要文獻。鄭若曾的《籌海圖編》和徐葆光的《中山傳信録》，爲釣魚島及其附屬島嶼屬於中國固有領土提供了有力證據。魏良輔的《南詞引正》、嚴澂的《松絃館琴譜》、計成的《園冶》，分别是崑曲、古琴及園林營造的標志性成果，這些藝術形式如今得以名列世界文化遺産，與上述名著的嘉惠滋養密不可分。

維桑與梓，必恭敬止；文獻流傳，後生之責。蘇州先賢向有重視鄉邦文獻整理保護的傳統。方志編修方面，范成大《吴郡志》爲方志創體，其後名志迭出，蘇州府縣志、鄉鎮志、山水志、寺觀志、人物志等數量龐大，構成相對完備的志書系統。地方總集方面，南宋鄭虎臣輯《吴都文粹》、明錢穀輯《吴都文粹續集》、清顧沅輯《吴郡文編》先後相繼，收羅宏富，皇皇可觀。常熟、太倉、崑山、吴江諸邑，周莊、支塘、木瀆、甪直、沙溪、平望、盛澤等鎮，均有地方總集之編。及至近現代，丁祖蔭彙輯《虞山叢刻》《虞陽説苑》，柳亞子等組織『吴江文獻保存會』，爲搜集鄉邦文獻不遺餘力。江蘇省立蘇州圖書館於一九三七年二月舉行的『吴中文獻展覽會』規模空前，展品達四千多件，並彙編出版吴中文獻叢書。然而，由於時代滄桑，圖書保藏不易，蘇州鄉邦文獻中『有目無書』者不在少數。同時，囿於多重因素，蘇州尚未開展過整體性、系統性的文獻整理編纂工作，許多文獻典籍仍處於塵封或散落狀態，没有得到應有的保護與利用，不免令人引以爲憾。

進入新時代，黨和國家大力推動中華優秀傳統文化的創造性轉化和創新性發展。習近平總書記强調，要讓收藏在博物館裏的文物、陳列在廣闊大地上的遺産、書寫在古籍裏的文字都活起來。二〇二二年四月，中共中央辦公廳、國務院辦公廳印發《關於推進新時代古籍工作的意見》，確定了新時代古籍工作的目標方向和主要任務，其中明確要求『加强傳世文獻系統性整理出版』。盛世修典，賡續文脉，蘇州文獻典籍整理編纂正逢其時。二〇二二年七月，中共蘇州市委、蘇州市人民政府作出編纂《蘇州全書》的重大决策，擬通過持續不斷努力，全面系統整理蘇州傳世典籍，着力開拓研究江南歷史文化，編纂出版大型文獻叢書，同步建設全文數據庫及共享平臺，將其打造爲彰顯蘇州優秀傳統文化精神的新陣地，傳承蘇州文明的新標識，展示蘇州形象的新窗口。

『睹喬木而思故家，考文獻而愛舊邦。』編纂出版《蘇州全書》，是蘇州前所未有的大規模文獻整理工程，是不負先賢、澤惠後世的文化盛事。希望藉此系統保存蘇州歷史記憶，讓散落在海内外的蘇州文獻得到挖掘利用，讓珍稀典籍化身千百，成爲認識和瞭解蘇州發展變遷的津梁，並使其中藴含的積極精神得到傳承弘揚。

觀照歷史，明鑒未來。我們沿着來自歷史的川流，承荷各方的期待，自應負起使命，砥礪前行，至誠奉獻，讓文化薪火代代相傳，並在守正創新中發揚光大，爲推進文化自信自强、豐富中國式現代化文化内涵貢獻蘇州力量。

《蘇州全書》編纂出版委員會

二〇二二年十二月

# 凡例

一、《蘇州全書》（以下簡稱『全書』）旨在全面系統收集整理和保護利用蘇州地方文獻典籍，傳播弘揚蘇州歷史文化，推動中華優秀傳統文化傳承發展。

二、全書收録文獻地域範圍依據蘇州市現有行政區劃，包含蘇州市各區及張家港市、常熟市、太倉市、崑山市。

三、全書着重收録歷代蘇州籍作者的代表性著述，同時適當收録流寓蘇州的人物著述，以及其他以蘇州爲研究對象的專門著述。

四、全書按收録文獻内容分甲、乙、丙三編。每編酌分細類，按類編排。

（一）甲編收録一九一一年及以前的著述。一九一二年至一九四九年間具有傳統裝幀形式的文獻，亦收入此編。按經、史、子、集四部分類編排。

（二）乙編收録一九一二年至二〇二一年間的著述。按哲學社會科學、自然科學、綜合三類編排。

（三）丙編收録就蘇州特定選題而研究編著的原創書籍。按專題研究、文獻輯編、書目整理三類編排。

五、全書出版形式分影印、排印兩種。甲編書籍全部采用繁體竪排；乙編影印類書籍，字體版式與原書一致；乙編排印類書籍和丙編書籍，均采用簡體横排。

六、全書影印文獻每種均撰寫提要或出版説明一篇，介紹作者生平、文獻内容、版本源流、文獻價值等情況。影印底本原有批校、題跋、印鑒等，均予保留。底本有漫漶不清或缺頁者，酌情予以配補。

七、全書所收文獻根據篇幅編排分册，篇幅適中者單獨成册，篇幅較大者分爲序號相連的若干册，篇幅較小者按類型相近原則數種合編一册。數種文獻合編一册以及一種文獻分成若干册的，頁碼均連排。各册按所在各編下屬細類及全書編目順序編排序號。

# 〔弘治〕崑山志

〔明〕吴祺 修　〔明〕顧潛 纂

據蘇州博物館藏稿本影印，配以中國國家圖書館藏清桂雲堂鈔本。

# 提要

《〔弘治〕崑山志》十四卷，明吴祺修、顧潛纂。

吴祺（一四六三—一五二五），字貴德，號西峰。明豐城人。弘治十五年（一五〇二）進士，次年任崑山知縣。歷官直隸灤州學正、大理寺少卿、太僕寺卿、雲南巡撫等。著有《西峰遺稿》。顧潛（一四七一—一五三四），字孔昭，號桴齋，晚號西巖。明崑山人。顧鼎臣從子。弘治九年（一四九六）進士，官山西道監察御史，提督京畿學政，忤權宦劉宇、劉瑾，出爲馬湖知府，未任罷歸。著有《静觀堂集》《讀史新知》《林下紀聞》等。

崑山一地志書，宋有《〔淳祐〕玉峰志》三卷、《〔咸淳〕玉峰續志》一卷，元有《〔至正〕崑山郡志》二十二卷（現存六卷），雖詳略各異，所載宋元之前事已大體具備。入明以後，縣志續纂、重修凡八家九種，存少佚多。現存明代弘治、嘉靖、萬曆三志，以《〔弘治〕崑山志》爲最早，流傳亦最少。

《〔弘治〕崑山志》十四卷，自建置、分野始，終於集文、集詩，末附拾遺一卷。稿本凡例後開列『崑山縣境圖』『崑山縣城圖』『崑山縣治圖』『崑山縣儒學圖』『馬鞍山圖』五圖之名，天頭批『五圖當作五板，悉照季《志》』（按：季《志》即季篪《崑山志》）。由此可知，此志體例或仿季篪《崑山志》，書前原繪地圖五幅，並擬每板刻一圖，而今有目無圖。因有宋元、明初舊志在前，其内容剪裁得當，詳近略遠，補前人所未備，故傳記、詩文尤爲豐贍。全書卷帙輕簡而不失規模，能不蹈重復抄録、一味求益之窠臼，謹嚴可師。

本次影印以蘇州博物館藏黑格稿本爲底本，原書高二十二・二厘米，廣十六・七厘米。稿本闕虞臣序及卷十三集詩、卷十四拾遺兩卷，兹以中國國家圖書館藏清桂雲堂鈔本補配，俾成全璧。桂雲堂鈔本書高二十七・三厘米，廣十七・五厘米，書名作《崑山縣志》。

崐山縣志叙

郡邑之有志猶國之有史也典章文物於是乎在故自孔子之聖而猶病文獻之不足徵然則載籍者真有國有家者之不可以或廢歟崑山古

婁縣也素號繁庶洪武初常
熟季篪来典崐學嘗為作志
景泰中邑人蔣明復作新志
迨今又五十餘年矣江右吳
侯以名進士來蒞茲土思古
名賢必因俗為治顧惟邑志

日就散逸或乃取舍失宜統紀無次將何以省風俗而美教化時監察御史顧君孔昭以疾在告家居且勿藥矣乃請重爲脩輯於是据摭舊聞搜抉近事惟公惟慎罔有或

遺其凡例雖本之二志其裁
制則務合衆心中復增入封
贈重
恩典也書成屬予為序夫星
土之灋既有九野則在地者
必有高山大川為之限隔風

氣為之不通民生其間亦各異俗故周禮既設有職方氏以掌天下之圖辯其邦國都鄙財用穀畜之數以周知其利害而又有外史以掌四方之志土訓以詔地求誦訓以

知地俗凡此皆因俗爲治之
意也降及後世訓史之職旣
廢政亦苟簡則夫郡邑之志
要亦不失夫古之遺意蓋非
是則風俗之澆淳人才之高
下戶口之登耗疆域之沿革

學校之廢興舉措〻焉莫之
或知雖有賢哲生於其後亦
無自以取證其言則郡非其
郡邑非其邑人文漸乖制度
墮裂其與裔夷荒徼相去無
幾矣今是書之成蓋新例以

尊
國典本舊文以存故實其言
約其事備語風俗則重耕織
而略浮奢語人才則先德行
而後文藝語名宦則進循良
而退刺薄語節義則舍浮名

而採實行凡业之類不一而足皆所以補前志之不及粹其爲不刋之書也其餘山川名勝紀述題詠靡不具載使後之爲政者得以持循生於斯地者有所觀法是志之

有裨於崑也夫豈可以一二
計耶詩云雖無老成人尚有
典型予崑産也拭目於茲久
矣幸侯之斯舉真知所務而
又喜是書不為徒作故不辭
而為之序云

弘治甲子三月朔日

賜進士出身朝列大夫四川

布政使司右叅議致仕邑

人虞臣書

崑山志目録

修志凡例
卷一
建置　分野　疆域　城池　山川　鄉保
卷二
户口　賦税　土貢　土產
卷三
城池　市鎮　坊巷　橋井　古蹟
卷四
公署　學校　祭器　縣令　學官

壇壝　祠廟　墳墓　宮室　園池　寺觀
卷五
進士
卷六
舉人　歲貢　薦舉　附援例
卷七
名宦　流寓
卷八
封建　名臣　封贈
卷九

文學　隱逸
卷十
孝友　貞節　藝能　釋道
卷十一
集文上
卷十二
集文下
卷十三
集詩
卷十四

拾遺

例作一板

# 修山志凡例

一名宦名臣没者乃為立傳

一按季篋志云令為邑長故有題名丞簿以下有善政則入名宦而無題名今從之

一按蔣明志有学官題名重司教也今從之

一進士庠人歲貢薦庠若其人德行文功業政事文章有一可稱述者則為立傳系于氏名之下否則但書終某官其存与見任者亦但書官無傳

一封贈係　朝廷恩典前志畧焉今述為志

一孝友貞節曾經　旌表者皆書其未經旌表而定

五圖當作五板悉照李志

有是行鄉里皆知者亦書

崑山縣境圖

崑山縣城圖

崑山縣治圖

崑山縣儒學圖

馬鞍山圖

# 崐山志卷一

文林郎監察御史邑人顔　潛　編輯

## 建置沿革

崐山在蘇州東七十里禹貢揚州之域周爲吳秦置郡縣崐山隷會稽郡爲婁縣以縣有婁江故名漢因之今有婁縣村歷後漢魏晋宋齊隷吳郡梁改信義縣今有真義村大同初又分信義置崐山縣以縣有崐山故名隋開皇中改吳郡爲蘇州而崐山信義二縣俱廢十八年復置崑山縣隷蘇州唐因之天寶十載太守趙居貞奏割縣之南境置

華亭縣宋改蘇州爲平江府崑山隸焉嘉定十年
太守趙彥橚提刑王棐奏割安亭春申平樂醋塘
臨江五鄉置嘉定縣元元貞二年以户口計例陞
爲中州隸平江路時州治在馬鞍山前延祐元年
遷太倉太倉在崑山東三十六里至正十六年張
士誠僭據令僞將高智廣守之十七年復州治於
故所丙午十一月十五日
太祖高皇帝命大將軍徐達討之知州費復初率士民
歸附洪武二年復爲崑山縣弘治十年巡撫都御
史朱瑄等奏割縣之東北境湖川新安二鄉及惠

此處之
責補

安鄉之半置太倉州

分野

上屬星紀

疆域

東西

南北

四週

東至太倉州四十里

東至嘉定縣七十二里

西至長洲縣七十二里

南至華亭縣一百五十里
北至常熟縣一百五十里
東南至上海縣一百五里
西南至長洲縣一百里
東北至海岸一百五十里
東北至崇明縣水路二百九十五里
西北至常熟縣八十里
西至南京水陸路並六百六十里
西北至北京陸路三千五百三十六里水路四千
一百六十二里

## 城池

舊志云吳子壽夢所築今無攷莫[illegible]宋時州竹木為柵元至正十七年海寇方國珍犯境始築土城禦之即今縣城也四週二千二百九十九丈凡一十二里有畸池四週二千三百五十九丈深五尺

仕者重名檢薄榮利〇民務耕織漁賈[illegible]

## 山川

馬鞍山在縣治北二里高七十丈廣三里

崑山在縣治東南八十里今隸華亭境內

卜山在縣治西一里

趙靈山在縣西南三十里

東山在縣東南二十里

媧婦山在縣治東十八里今夷

高墟山在縣西十五里

秦柱山一名秦望在縣南三十里吳録云始皇嘗

登此望海

吳淞江在縣東南禹貢三江之一史記正義云蘇

州東南有三江口西南七十里至太湖曰松江古

笠澤也東南七十里至白蜆湖曰東江東北三百

餘里入海曰婁江其分處號三江口顧夷吳記亦

云松江東北行七十里得三江口東北入海爲婁
江東南入海爲東江併松江爲三江今吳淞江盖
古東江舊志以爲婁江者非宋崇寧四年三江堙
塞命司封員外郎李傳等疏濬紹定六年十一月
癸亥新[illegible]徽猷閣學士知平江府楊烽奏乞於吳
淞江口置寨以備海道曰鄉來逆全多就顧逕運
米萬一自海洋窺吳淞江口平江必爲震驚况密
邇行都乎上曰鄉宜嚴行關防按此正謂東南入
海處也元大德間海運千戶任仁奏命行省于章
徹里董役浚治西自吳淞江東至嘉定石橋洪

國朝永樂初蘇松大水

上特命戶部尚書夏原吉太常少卿袁復率官分治功

成民甚利之

新洋江在縣東六里

勦娘江在縣西南十五里

澱山湖在縣南八十里

庱城湖在縣南七十里

巴城湖在縣北二十五里

雉城湖在縣西北十八里

鰻鱺湖在縣西北十八里

傀儡蕩在縣西北二十四里
雙洋蕩在縣東南三十六里
白蕩在縣南三十六里
盛蕩在縣南六十五里
范青漾在縣東南七十里相傳范家田今成巨浸
朱寨瀼在縣南三十里
江家瀼在縣西北二十里
栢家瀼
大泗瀼二水合流爲一在縣北十八里
龔家瀼今莫攷所在

東市河　西市河　南市河　俱在城（此當另作一行）

致和塘、西自郡城婁門經縣城中東達太倉至劉家河入海蓋古婁江之遺跡宋至和二年修築故名詳見記文

許墓塘　顧墓塘　夾潮塘　漢浦塘

茆沙塘　葑塘　六河塘　櫻桃塘　孝義塘

横塘　山塘　官塘　四塘

針塘　婁縣上塘　戴浦　須浦

秦浦河　大小虞浦　溢瀆浦　新瀆浦

李箕浦　馬仁浦　李祿浦　熊莊浦

老鴉浦　朱明浦　廣浦　陳叚涇　雙涇　黃墓涇　湖涇　丁涇　盛涇

浪墅浦　莊浦　馮浦　尤涇　牛尾涇　白馬涇　石人涇　斜涇　清水港

迎鍾浦　葛浦　寒浦　黃昌涇　聰明涇　陳墓涇　吳涇　丁澤涇　白塔港　巳上在積善鄉

潭市浦　曹浦　丁丫涇　龍涇　邵黃涇　潘涇　景涇　梅星涇　斜港

駙馬塘
雉城塘
聖王塘
古塘

官塘
黄瀆浦
界浦
下里浦

景浦
蔣浦
心瀆浦
平樂浦

華翔浦
韓溪浦
石榴浦
東西羅浦

淙浦
趙浦
上元涇
顧市涇

狀元涇
刁涇
華家涇
張巷涇

師姑涇
鰻鯏涇
施澤涇
黄茜涇

温焦涇
五千涇
三千涇
雉城涇

全吴涇
東西吴涇
楊巷涇
尤涇

倉涇
殷涇
張涇
大小南涇

羊丫涇　黄蘆涇　横涇　白蓮河　下張浦　趙浦　張漫涇　張沼涇　邵涇

羅莊涇　新涇　光涇　已上在諸塘鄉　大小直河　顧仙浦　新漕浦　胥涇　大慈涇　徐涇

朱舍涇　廟涇　武城東西港　曲塘　漁連浦　宿浦　季星涇　新涇　剎力港

大渭涇　相涇　莆港　浪浦　廿子浦　齋浦　界涇　潘昌涇　界浦港

合塘港
戈家港
石塘
横涇塘
溢浦
若里浦
莊碘涇
坊巷涇
王墓涇

黄涇港
曲塘
大小石浦
千墩浦
道褐[illegible]
楊槍涇
寺巷涇
王土涇

已上全吴鄉

凡規港
古塘
道褐浦
善浦
白叚涇
泖涇
小錢涇
方盛涇

山涇港
磧碶塘
陸虞浦
牛脊浦
滂李涇
黄泥涇
陶墊涇
八千涇

寺涇　廟涇　度城涇　張涇
大漕港　平林港　潮山港
已上在沺川鄉
郭澤塘　茹律塘　王孝塘　車塘
大小胡浦　白雉浦　墅瀆浦　張鹿浦
比弓浦　夏侯浦　平巷浦　大小瓜瀆浦
天明浦　黄墩浦　陶仁浦　茅老浦
東茅老浦　宋浦　市浦　徐浦
城逬浦　錢涇　郜莊涇　東金涇
大小横涇　黄鄒涇　小蔣涇　西楊閘涇

陳從涇
黃泥涇
彭段涇
泥橋涇
木葉涇
廟丫涇
獨兒涇
新豐涇
馬新涇
陳顏涇
陸巷涇
汪莊涇
南北殷涇
馬塘涇
菱段涇
顧阜涇
胡浦涇
白西段涇
東楊涇
四段涇
新涇
葑涇
殷涇
趕涇
郭涇
戴涇
趙涇
莊涇
李涇
甲涇
何涇
巷涇
腰涇
莊家浜

已上在武元鄉

朱㬰塘
曹塘
顧幕浦
潘孫浦
徐公浦
木瓜浦
胥浦
沈浦
宅浦
張師涇

雞鳴塘
横塘
尾浦
大小須浦
大顧浦
北陳浦
鄒浦
蔣浦
盧浦
木瓜涇

黄孝塘
黄墅浦
小尾浦
陳連浦
金竈浦
白鶴浦
蔡浦
姚浦
金浦
西泗涇

郭澤塘
三林浦
北澥浦
白塡浦
鴨善浦
武桑浦
彭浦
楊浦
嚴莊涇
西六涇

蔡墓涇
中城涇
石丫涇
官路涇

新開涇
薛家涇
田漊涇
東西潘涇

廟丫涇
朱洞涇
馬胡涇
連水涇

泗橋涇
陸緒涇
安亭涇
朱村涇

擾莊涇
交段涇
南交殷涇
鰍洞涇

流浪涇
廟了涇
丁亂涇
若墼涇

謝湖涇
牛洞涇
韓村涇
塘子涇

莊基涇
董段涇
螺螄涇
朱至涇

潮庭涇
黄丫涇
寺涇
乙涇

北涇
談涇
蔡涇
馬涇

丫涇　刁涇　全涇　戈涇

汗涇　鮑涇　吳涇　陸涇

朱泗港　六家浜

已上在永安鄉

行孝塘　古塘　谷宅塘　茹律塘

新塘　官塘　白苧浦　央浦

中趙浦　南北趙浦　郟浦　湖浦

莊涇　中洛涇　徐涇　夏公涇

張烏涇　茭門涇　錢涇　杭涇

朱家涇　斜涇　新涇　盛涇

時涇　葑涇　湛涇　吳家涇
横涇　歷塘涇　枯竹涇　廟涇
鳳涇　混泥涇　邵涇　燕涇
黄涇　宋家港　鴨脚浜
已上在惠安鄉
鄉保
積善鄉在縣西北
保二
第一保　第二保
村二十一

蔡巷　施巷　朱瀝　郎墅　李巷

雍里　圓明　王巷　呂巷　北新瀆

廟墩　唐庄　石碑　楊家　楊巷

溢瀆　婁縣　蔚州　長墩　顧墓

支巷

諸塘鄉在縣西

保二

第三保　第四保

村一十九

毛巷　張巷　顧巷　杭頭　高墰

巴城
綽墩
真義
界牌
【西】
新瀆

景村
蔡巷
莊巷
武城
黄瀆

華翔
薛莊
平樂
楊莊

全吴鄉在縣西南

保二

第五保
第六保

村二十三

弓巷
蕭巷
横涇
楊巷
剎力

薑里
金塗
大慈
陳墓
盛蕩

周巷
洞坵
帯搭
東高
趙灵

薛浦　張潭　莫巷　陳巷　湯墩

金巷　上段　塘涇

沺川鄉在縣東南

保二

第七保　第八保

村二十五

陳巷　[illegible][illegible]　孟巷　周蕩　夏甲

蕭市　陶湛　葉蕩　南徐　磧礇

王家　楊村　盛涇　八王　秀王庄

度城　裴莊　湯巷　溢浦　善浦

唐家甲　首墓　陸虞浦　古夘　太平

武原鄉在縣東南

保二

第九保　第十保

村二十七

陶仁　蘆家　朱巷　于家　東王

沙蒿　景巷　徐里　車塘　何莊

道印　朱張　東張　姚巷　許家

董村　奚村　王家　韓涇　孔巷

徐家　杜巷　羅巷　許張　夏界

強巷　鮑巷

永安鄉在縣東南

保三

十一保　十二保　十三保

村二十九

潘巷　木瓜　西張　陳巷　姚陸

梅段　吳郟巷　韓涇　嚴巷　祁巷

于巷　顧墓　景巷　陶巷　徐庄

南戴　曹村　沈巷　唐巷　唐家湖

周巷　黃巷　顧巷　東馮　毛巷

衖巷　新村　韓村　三徐

惠安鄉在縣東北

保一

三十保

村十二

吴庄　丘墟　董村　谷息　陸浦

長段　豸洗　揚庄　吴家　腰溇

横涇　東谷

崑山志卷二

文林郎監察御史邑人顧　潛　編輯

户口

宋

祥符間

主[redacted]一萬六千三百四十八

客[redacted]一萬八千六百九十三

慶元間

户[redacted]三萬八千九百四十二

淳祐間

户[redacted]四萬五千三百六十三
口[redacted]一十三萬四千五百
元鈌
國朝
洪武九年
户[redacted]九萬九千七百九十
口[redacted]三十九萬三百六十四
洪武二十四年
户[redacted]七萬八千八百六十四
口[redacted]三十三萬六千五百五十九

永樂元年
户[redacted]六萬三千三百三十四
口[redacted]二十四萬四千九百七十八
永樂二十年
户[redacted]六萬七千一百單三
口[redacted]二十三萬四百八十四
宣德七年
户[redacted]六萬三千一百九十
口[redacted]二十四萬七百三十二
正統七年

戶[redacted]六萬四千一百一十七
口[redacted]二十三萬九千五百五十九
景泰三年
戶[redacted]六萬六千六百三十七
口[redacted]二十四萬一千二百五十一
天順八年
戶[redacted]七萬三百三十七
口[redacted]二十三萬八千七百九十一
成化八年
戶[redacted]七萬六千八百六十九

口[redacted]二十三萬八千七百七十九

成化十八年

户[redacted]八萬三千七百三十

口[redacted]二十五萬一千四百五

弘治五年

户[redacted]八萬五千六百三十六

口[redacted]二十六萬四千四百二十九

弘治十五年

户[redacted]七萬五千一百四

口[redacted]一十六萬五千一百六十五

賦税

宋

景德祥符間

夏[redacted]税丁身鹽錢三千六百餘貫

絹[redacted]一萬五千三百匹

紬[redacted]七百七十匹

綿[redacted]一千二百屯

秋[redacted]苗米一十萬石有奇

慶元間

夏[redacted]税倍其數

綿[redacted]十倍之
秋[redacted]苗米又益以八千石
元缺
國朝
洪武四年
田[redacted]一萬二千五百四十一頃四十三畝七分
夏[redacted]税絲二萬七千九百二十兩六錢八分八[redacted]
蠶三毫
麥[redacted]二萬一千六百七十四石八斗六升五合[redacted]
六勺

豆[redacted]一十七石五斗六合二勺鈔四百一十五貫一十六文六分一厘
菜[redacted]子一十五石四斗九升
藍[redacted]靛九百九十二觔八兩
秋[redacted]粮米正耗五十一萬四千二百六十石九斗
六[redacted]升三合八勺
洪武二十四年
田[redacted]地一萬四千三百三十八頃七畝七分三釐
夏[redacted]税絲二萬七千九百二十兩六錢八分八[redacted]
釐三毫
麥[redacted]二萬一千六百七十四石八斗六升五合[redacted]

九勺

鈔四百一十五貫一十六文六分一釐四毫

秋[redacted]粮米正耗五十一萬四千二百六十石九[redacted]

斗六升三合八勺

永樂元年

田[redacted]二萬五千四百二十六頃四十八畝

桑[redacted]株七千三百九十二株

花[redacted]菓樹三株

夏[redacted]稅絲四萬五千一百九兩八錢八分五毫[redacted]

五絲

麥[redacted]一萬九千六百六十二石三斗四升一合[redacted]
九勺
鈔[redacted]四百七十五貫七百三十文九分九厘
秋[redacted]粮米正耗五十七萬七千二百八十四石[redacted]
四斗二升二合四勺
桑[redacted]絲二百四十六兩四錢三厘
花[redacted]菓樹三株鈔三百文
永樂二十年
田[redacted]十萬六千九十一頃一十六畝三分六厘[redacted]
二

桑[redacted]株七千七百九十七株

花[redacted]菓樹[illegible]株

夏[redacted]税絲四萬六千四百四十二兩一錢二分[redacted]

七垔三毫

麥[redacted]一萬九千六百六十四石三升五合九勺

鈔[redacted]五百六貫八百六十文九分五垔

秋[redacted]粮米正耗五十七萬八千六百二石四斗[redacted]

七升四合五勺

桑[redacted]絲二百四十六兩四錢三垔

花[redacted]菓樹三株鈔三百文

宣德十年
田[redacted]一萬六千一百六十三頃六十九畝六分[redacted]
三重三毫
[illegible][illegible]株
[illegible]棗樹
夏[redacted]稅絲四萬六千七百九兩柒錢五分二重[redacted]
八毫
麥[redacted]一萬九千六百六十二石四斗六升七合
鈔[redacted]五百三貫六百四十六文
秋[redacted]粮米為寬恤事減除一十五萬三千七百[redacted]

四十四石七斗三升一合三勺
實[redacted]徵米四十二萬九千四百三十七石二斗[redacted]
三升六合三勺
馬[redacted]草八萬八千四百三十二包五斤
桑[redacted]絲二百四十八兩四錢三釐
花[redacted]菓鈔三百文
正統七年
田[redacted]地一萬六千八百八十七頃二十四畝三分[redacted]
八釐二毫
桑[redacted]株

[illegible][redacted]果樹

卷二

夏[redacted]稅絲五萬二千四百五十九兩三錢六分[redacted]
五厘

麥[redacted]一萬六千七百一十五石五斗二升一合[redacted]
五勺二抄

鈔[redacted]六[illegible]五十二貫六百三十一文

秋[redacted]糧米正耗四十一萬二千六百九十六石[redacted]
四斗六升五合九勺

馬[redacted]草九萬八千八十包五斤一十一兩七錢[redacted]
一分

桑[redacted]絲
花[redacted]菓鈔
景泰三年
田[redacted]地一萬七千六百六十二頃六十九畝二分[redacted]
九釐
[redacted]
夏[redacted]税絲五萬五千二百一十九两二錢八分[redacted]九厘八毫七絲
麥[redacted]一萬六千七百一十六石三斗九升二合[redacted]
三勺五抄

鈔[redacted]一千四百七十五貫七百二十八文五分七厘[redacted]

三毫

秋[redacted]粮米正耗四十一萬五千七百八十二石[redacted]

六斗三升三合三勺八抄

馬[redacted]草一十萬一千二百七十九包二斤三两[redacted]

八錢九分二厘

桑[redacted]絲二百四十六两四錢三厘

花[redacted]菓樹鈔三百文

天順六年

田[redacted]一地萬七千六百五十頃一十畝

夏

税絲五萬五千五百四十五两六重

麥

二萬六千七百一十六石七斗二升九合

五抄

鈔

二千六十七貫六十二文八分

秋

粮米四十一萬五千九百八十一石八斗

三升八合二勺

馬

草一十萬二千四百五包五斤一十五两

二钱五分六重

桑絲
花菓樹鈔
桑絲二百四十六兩四錢三厘
花菓樹鈔三百文
成化八年
成化八年
田地一萬七千八百六十四頃二十七畝九分
九釐八毫
夏稅絲五萬五千五百八十一兩一分五釐
八毫
麥一萬六千七百一十七石六斗二升四合二勺

鈔[redacted]二千七十三貫三百三十九文四分
秋[redacted]粮米四十一萬六千三百六十三石九斗[redacted]
九升三合二勺
桑[redacted]絲〇〇〇〇〇〇〇〇
花[redacted]菓鈔〇〇〇
成化十八年
田[redacted]一萬七千八百六十八頃一十二畝一分[redacted]
五壐七毫
[redacted]

夏稅絲五萬五千五百九十两二錢九分九毫
麥一萬六千七百一十七石六斗二升九合
六勺
鈔二千七十七貫六百六十五文二分五釐
秋粮米四十一萬六千三百八十三石七斗
八升
桑絲二百四十六两四錢三釐
花菓鈔三百文
弘治五年
田地一萬七千八百七十頃三十畝八分七釐

沈處元

八毫

[redacted]

桑絲二万四千六兩四錢五厘

花藥樹鈔三万文

弘治五年

夏[redacted]稅絲五萬五千五百九十八兩九錢七分[redacted]

一厘七毫

麥[redacted]一萬六千七百一十七石六斗二升九合[redacted]

六勺

鈔[redacted]二千七十七貫六百六十五文二分五厘

秋糧米[redacted]四十一萬六千三百九十一石五斗三合

桑[redacted]絲〇〇〇〇〇〇〇〇

花菓鈔○○○
弘治十五年
田地一萬二千一百四十九頃四十畝五分四
釐四毫
夏稅絲三萬五千五百五兩四錢六分三釐
一毫
麥一千一百一十一石八斗七合六勺

鈔[redacted]一千六百六貫八百五文九分八厘

秋糧米[redacted]二十九萬六千四百五十二石五斗四升[redacted]

九合三勺

[redacted]

桑[redacted]絲一百八十三兩七錢五分七厘五毫

花[redacted]菓鈔三百文

土貢

元

駱皮二十九張

羖䍽羊皮二百四十尺

羊皮八尺
翎毛三千七百根
國朝
雜皮四百張
活鸕鷀九隻
活鴈五十四隻
活獐五箇
翎毛六萬根
土產
稻凡五十餘種

麥五種

豆八種

黄草布

木綿布

苧布

麻布

河豚魚味佳有毒

蟖蔚洲村者尤佳

菱婁縣村者尤佳

瓜楊莊村者尤佳

火石出馬鞍山上便行旅取火之用

玲瓏石出馬鞍山中多竅可植蒲草宋㊀志云止安陳先生恐傷山脉嘗立牌禁鑿取後爲好事與有力者購求之山民競以此射利今竭

崑山志卷二

# 崑山志卷三

文林郎監察御史邑人顧　潛　編輯

## 城池

舊志云吳子壽夢所築今無攷宋列竹木爲柵元至正十七年海寇方國珍犯境始築土城禦之即今縣城四週二千二百九十九丈凡一十二里有畸池四週二千三百五十九丈深五尺廣六丈有畸

## 市鎮

○市心在宝月橋南今廢

○半山橋市在縣治西北

○蓬[redacted]閬鎮在縣東南三十里

○石[redacted]浦鎮在縣東南七保自祥符至今設巡司[redacted]

鎮之

○泗[redacted]橋鎮在十二保其地廬屋成壘客商交易[redacted]

稅課纂節於此

○安[redacted]亭鎮在十三保其鎮地連嘉定居民成市[redacted]

有稅課

○兵[redacted]墟鎮在縣東南一十八里客旅輻輳官設[redacted]

子局纂節

○陸[redacted]家浜市在十二保夏駕之南創於宣德初[redacted]

今客商物貨有自他郡至者〇又都場永安二市

並古經所載今不可考　又字以下此當另作一行

坊巷

登[redacted]平坊在縣治東倉巷內

惠[redacted]政坊在西寺巷內

道[redacted]德坊舊名覽德坊在縣治東

進[redacted]賢坊在縣治西南醋庫巷內

武[redacted]寧坊在縣治西南平橋西

興[redacted]賢坊舊名成達坊在縣西南儒學東

齊[redacted]禮坊舊名近民坊在縣西南

平[redacted]政坊在縣治南陳老橋北
登[redacted]春坊在縣治南平橋東南
日[redacted]新坊在縣治南前新街
又[redacted]新坊在縣治南新新街
明[redacted]德坊在縣治南後市巷西
宣[redacted]化坊在縣治南平橋北
通[redacted]德坊在縣西南西市巷内
太[redacted]平坊在縣治東北太平橋
安[redacted]定坊在縣治東北安定橋西
婁[redacted]豐坊在縣治東北北柵

春[redacted]和坊在縣治東南平橋東

積[redacted]善坊在縣治東南甫庫橋南

享[redacted]俗坊在縣治東南陳老橋東

寶[redacted]信坊在縣治東南寶月橋南

貴[redacted]德坊在縣治東南通闤橋東

德[redacted]潤坊在縣治東南後市橋南

安[redacted]榮坊在縣治東南姚家巷

儒[redacted]學坊在縣治東南茅家橋東

富[redacted]德坊在縣治東南甫庫橋北

興[redacted]仁坊在縣治東南東城橋北

朝[redacted]宗坊在縣治東南南柵灣

餘[redacted]慶坊在縣治東南尊萊橋東

玉[redacted]鎮坊在縣治西鰲峯橋南

迎[redacted]恩坊在西柵

片[redacted]玉坊在縣治南陳老橋西

榮[redacted]錦坊在甪庫橋南

忠[redacted]正坊在趙忠簡公府前今廢

旌[redacted]孝坊在縣治東北宋咸淳間邑人荣孝子[redacted]

刲股救母縣令謝公應建坊表之

孝[redacted]感坊在縣治西南片玉坊内宋寶祐間邑人

曹[redacted]春年刲股療母病知縣胡棨立坊表之

又光化平樂招賢永昌四坊皆古經所載

今不可攷

東[redacted]城巷在縣治東南東城橋北

北[redacted]倉巷在縣治東北倉橋南

柴[redacted]巷在縣治北半山橋南

東[redacted]寺巷在縣治南通闠橋東

東[redacted]會巷在縣治東州橋北

李[redacted]侍御巷在縣治東南通闠橋東

金[redacted]童巷在縣治東南康家橋南

州[redacted]廳巷在縣治東南貴德坊東

楊[redacted]編箕巷在縣治東南春和坊北

後[redacted]市巷在縣治東南明德坊東

醋[redacted]庫巷在縣治西南進賢橋北

西[redacted]寺巷在縣治西南景德寺前

弓[redacted]手巷在縣治西南西寺巷東

郁[redacted]家巷在縣治西南片玉坊内

潘[redacted]家巷在縣治東旌孝坊内

顧[redacted]二着巷在縣治東北太平橋内

姚[redacted]家巷在縣治東北安榮坊北

陳[redacted]賣羊巷在治縣東北太平橋西

秦[redacted]家巷在縣治東北旌孝坊內

鄧[redacted]家巷在縣治西南進福橋南

又[illegible]有社壇華亭項客章家孫家明王堂

六巷皆古經所載今不可考

橋井

太[redacted]平橋在縣治跨東市河

州[redacted]東橋在縣治東跨東市河

張[redacted]家橋在縣治南

平[redacted]橋在縣治南

酒坊橋在縣治南

陳老橋在縣治南

秦廸橋在縣治南

北倉橋在縣治東北

山溪橋在縣治北馬鞍山後

衆安橋在縣治北柴巷内

許墓塘橋在縣治北

會仙橋在縣治北清真觀前

黃家橋在縣治北跨山塘涇

泗安橋在縣治北跨山塘涇

蕁[redacted]萊橋在縣治東南
唐[redacted]家橋在縣治東南
通[redacted]濟橋在縣治東南
寶[redacted]月橋在縣治東南
通[redacted]闠橋在縣治東南
興[redacted]福橋在縣治東南
甫[redacted]庫橋在縣治東南
茅[redacted]家橋在縣治東南
東[redacted]城橋在縣治東南
羅[redacted]漢橋在縣治東南

採蓮橋舊名永福橋在縣治東南李侍御巷北

惠政橋在縣西南景德寺南

進福橋在縣治西南儒學東

舞雩橋在縣治西南儒學東

高平橋在縣治西南報國寺西

迎仙橋在縣西南

景德寺橋在縣治西南景德寺前

普通橋在縣西治

無不利橋在縣治西南永懷寺西

戊已橋在縣治東北

富春橋一名高板橋在縣治東北跨致和塘

望山橋在縣治東北跨東市河

全相橋在縣治西北跨西市河

萬壽橋在縣治東北跨市河

安定橋在縣治東北

流慶橋在縣治東北

奚婆橋在縣治東北跨木人涇

清風橋在縣治西北跨西市河

明月橋在縣治西北跨西市河

半山橋在縣治西北跨致和塘

見山橋在縣治東北跨山塘涇

鰲峯橋在縣治西北

香花橋在縣治西北馬鞍山前跨山塘涇

楊家橋在縣治西北馬鞍山前跨山塘涇

板橋在縣治西北馬鞍山前

已上在城内

金童橋在大西門外

駟馬橋在小西門外

玉隆橋在東門外今圯

太原橋在小西門外

迎[redacted]恩橋在迎恩坊西跨小虞浦
榮[redacted]陽橋在太原橋西
通[redacted]文橋在玉峯倉東南
阜[redacted]民橋在玉峯倉南
應[redacted]山橋在[redacted]玉峯倉後
東[redacted]盈橋在玉峯倉東北門
西[redacted]盈橋在玉峯倉西北門
利[redacted]民橋在北門外
蝦[redacted]蟇橋在正南門外
廣[redacted]惠橋俗名王官人橋在東南門外

普[redacted]濟橋近廣惠橋
新[redacted]漕橋在廣惠橋東
草[redacted]堂橋在普濟橋南
須[redacted]浦橋在舊超化院西
香[redacted]花橋在舊超化院前
黍[redacted]浦橋在呂巷村
九[redacted]里橋即尤涇橋在縣西十里
真[redacted]義橋在縣西二十里跨真義浦
狀[redacted]元橋在縣東南石浦鎮宋祥符元年衛文[redacted]
節公建元至元二年邑人胡道茂修

接[redacted]官亭橋在縣東南石浦鎮宋祥符元年衛[redacted]
文節公建
淞[redacted]南第一橋在東南千墩浦
中[redacted]正法華橋在縣治南洼浦
行[redacted]孝塘橋在縣東南
永[redacted]安橋在縣東南兵墟鎮
保[redacted]安橋在縣東南兵墟鎮
南[redacted]夏界橋在縣東南三十二里
廣[redacted]順橋在縣西南趙靈興福寺前
郎[redacted]浦橋在縣西南盪蕩村

濟衆橋在縣西南陳墓村跨界浦

衆安橋在縣西南陳墓村跨界浦

天寧橋在縣西南陳墓村

南石橋在縣東南泗橋鎮

安里橋在縣東南一十八里塘

井亭橋在縣東鍾家涇上

道褐浦橋在縣七十二里

涇浦橋在縣南二十五里

諸家橋在縣南二十五里張潭浦

三墩橋三橋相向在縣南二十三里

刁[redacted]家橋在縣南三十里沈巷村

東[redacted]宿浦橋在縣南三十六里

西[redacted]宿浦橋在縣南三十六里

望[redacted]江橋在縣東南三十七里跨金竈浦

石[redacted]浦橋在縣東南四十里

陸[redacted]虞浦橋在縣東南七十里

永[redacted]寧橋在縣西南二十里

武[redacted]成橋在縣西北三十六里

張[redacted]莊淒橋在縣西北三十六里

紅[redacted]橋在縣西二十里跨温焦涇

阜[redacted]康橋在縣西二十里巴城村
壽[redacted]安橋在縣西二十二里
新[redacted]瀆浦橋在縣西南一十五里
唐[redacted]涇橋在縣北十八里
新[redacted]塘橋在縣北十八里
已上在城外
王[redacted]橋井在縣治東南普濟橋東
玉[redacted]珠井在縣東南通闤橋東
陸[redacted]潛井在縣治東南甫庫橋南
羅[redacted]家井在縣治東揚箎箕巷内

坊八出成遂名

祝家井在縣治東南富春橋北

沈家井在縣治西北半山橋北

張家井在縣治西北馬鞍山前

何寅井在縣治西北鰲峯橋下

陳資井在縣治西南成達坊內　即吳賢坊

義泉井在縣治東南東嶽廟前

顧氏井在　治北半山橋西公館東

玉泉井在馬鞍山上

呂家義井在縣治西南鄧家巷內

海眼泉在縣西北馬鞍山前

留[redacted]爱泉在縣治西南駟馬橋下
顏[redacted]家井在寧海驛前
俱在城内

## 古蹟

東城在縣治東三百步今橋巷猶以東城名吳志
云耕者每得古城磚及銅箭鏃疑吳壽夢所築即
其處也
南武城見漢書婁縣註闔閭所起以候越
婁縣村在縣東北三里即古婁縣
西鹿城在縣西一里昔有人於[illegible]山下得斷碑畧

云府君姓卜名珎字文昭西河人春秋六十有六
唐寶曆元年終葬于崑山西鹿城鄉界卜山名曰
森森古栢宛轉龍岡孤雲垂蓋日月懸光千秋萬
古嗚呼夜長
金城在縣東三里相傳吴王所築今有浦猶以金
城名
度城在縣東南七十里相傳黄巢所築今有潭猶
以度城名
巴城在縣西北十八里其地有巴王廟今湖猶以
巴城名

東西四千五里
南北一万二千五百里
四週共三万二千十二里

雉城在縣西北十八里湖亦以雉城名

信義縣大同初廢

疑即古縣地訛信

爲真耳

天女墩在縣東南十八里惠安鄉三十保洪莊村

相傳有天子之女葬此中有金龍舟每風雨夕聞

鉦鼓聲一村氓夜過其處見舟攫之得人像長尺

許歸即大病亟弃諸水濱乃愈嘗有悪少欲發視

之爲毒蜂飛火所逐不果

綽墩在縣西二十里相傳唐伶人黄番綽墓

西園在石浦衛文節公閒居處

石湖書院在縣治東薦嚴寺左范文穆公讀書處

今爲巡撫行臺

桃源洞在馬鞍山上元泰定間邑富民陳氏壘石

爲之中可布席

崑山志卷三

雉城在縣西北十八里湖亦以雉城名

信義古縣名蕭梁時分婁地置信義縣大同初廢今縣西二十五里有村曰真義疑即古縣地訛信爲真耳

天女墩在縣東南十八里惠安鄉三十保洪莊村相傳有天子之女葬此中有金龍舟每風雨夕聞鉦鼓聲一村氓夜過其處見舟攫之得人像長尺許歸即大病亟弃諸水濱乃愈嘗有惡少欲發視之爲毒蜂飛火所逐不果

綽墩在縣西二十里相傳唐伶人黄番綽墓

西園在石浦衛文節公閒居處

石湖書院在縣治東薦嚴寺左范文穆公讀書處

今爲巡撫行臺

桃源洞在馬鞍山上元泰定間邑富民陳氏壘石

爲之中可布席

崑山志卷三

崐山志卷四

公署

縣治在城内宋紹興二十六年知縣程沂重建元元貞二年改爲州延祐元年行省叅政高昉奏遷於太倉至正十六年海寇犯境明年知州費復初移復崑山

國朝洪武二年復爲縣知縣王公瑾增修

正廳三間三軒

穿堂三間

後堂三間

典史廳在縣廳西

廂房二間在縣廳東

廊房一十肆間在縣廳左右

官衙共四十三間

吏舍共五十間在東廊後

架閣庫五間二厦在縣廳東

獄房在儀門[illegible]外西

儀門

鼓楼即縣門

旌善亭
申明亭俱在縣治西
巴城巡檢司在縣西十五里朱塘鄉第三保高
墟村今徙置真村義村
石浦巡檢司在縣東南四十里浬川鄉七保石
浦鎮今徙千墩浦
寧海驛在縣治西北今廢
僧會司在薦嚴寺西
道會司在清真觀南
陰陽學在通闤橋東

此處乞查補

醫學在縣治南五十步

玉峯倉在西門外舊有黄涇致河塘金潼等倉

宣德間巡撫侍郎周忱以各倉四散不便徵收

移建今所

濟農倉在南門内收貯餘米宣德九年侍郎周

忱奏立

惠民藥局二處一在○○○○一在○○○○

養濟院在縣治東南

察院在縣治東南

肅清堂三間

軒三間
穿堂
後堂
廂房
廊房
儀門
外門
府館在縣治南
廳三間
穿堂

後堂

廂房

儀門

外門

## 學校

儒學在縣治西南二百九十步舊有文宣王廟在縣東七十五步以兵火廢唐大曆九年大理司直王綱爲縣令始立學于廟垣之右設博士以訓學徒黄巢之亂廟學俱廢宋雍熙四年縣令趙儆因舊址增脩元祐初杜釆移建今所廟堂齋廡庖廪凡四十楹紹興二十八年程沂重修蔣璨名其堂曰致道隆興後李結葉子强周承勛李裯相繼修

葺慶元間章萬里改致道堂爲明倫堂嘉定間丞
自修構大成殿淳祐間徐聞詩修立月書季考之
式衮璵又增直舍六齋曰居仁由義效忠履信致
道成德咸淳間林桂發建學廳于東北隅元元貞
初縣陞爲州學設教授一員延祐元年二月移州
治於太倉就治所之北重建學宫至正十七年州
復舊治知州費復初仍於舊址開拓鼎建
國朝洪武二年改州爲縣學設教諭一訓導二定爲
兩齋東曰居仁西曰由義以處生員又闢射圃月
朔望師生習射以觀德成化十九年巡按御史

張淮知府事建貢增修

[redacted]殿在明倫堂南

两廡在大成殿左右

櫺星門

戟門

神厨

神庫

帛坎一在殿西北今廢

宰牲房在戟門外西今廢

尊經閣弘治中知縣楊子器建於育賢堂後

明倫堂

居仁齋

由義齋在明倫堂左右

育賢堂在明倫堂後師生會饌于此

尊經閣弘治四年知縣楊子器

儀門

建在育賢堂後

儒學門

泮池在明倫堂前令徒鑿櫺星門外

集賢堂在明倫堂後師生會饌于此

退省堂在明倫西

倉在集育賢堂左右

庫

教諭衙在明倫堂西

此處已查補

訓導衙在明倫堂東

生員號房○三○十○六間在退省堂左右

射圃在殿西内有觀德亭

社學在縣治西南儒學之東成化四年提學御史陳選立弘治四年知縣楊子器重修

正堂五間

東西齋各五間

外門三間

祭器

銅鐘一十六

銅象尊一
銅犧尊一
銅籩二十
銅鉶二十
銅登五
銅簠四十八
銅簋四十八
銅炉一
銅缾二
又銅鑪四十一

銅尊三連杓
銅罍洗三
銅盆三
銅箄四
銅爵一百四十八
竹籩一百九十
木豆一百九十
燭臺五十對
帛箱九
青酒尊二

銅湯鑵二
錫器十九件
漆盤八十

縣令題名
宋
邉倣　李維　李垂則　葢上行
梁適　陳從直　張方平　李安
徐執中　錢公紀　韓正彦　錢勰
高保行　吴安度　沈遼　顧中

杜操　萬求　侯渙　李秉
錢景邈　周擬　鮑朝賓　姚舜明
郭渊　蓋興　黄浩然　梁澤民
孫承　吳昉　孫畸　舒邦弼
邵相　董将　施壎　俞彦興
劉澈　張漢之　魏彦樞　祝振卿
邵亭　莫伯虚　朱端禀　胡喆
張鎮　程沂　楊松年　胡廷傑
羅華　徐譚　李結　裴定
黄鍔　劉壎　汪藻　聞人大雅

葉子强
王子溱
邵襄然
劉藻
邵輶
張真卿
周承勛
孫僑
李稠
翟昀
章萬里
吳槩
潘友文
徐挺之
章定
林晉之
芮度
應復之
汪稽中
趙汝梼
周[illegible]
馮自强
巫自脩
趙汝鄰
李桄
徐聞詩
李伯長
項公澤
樓昞
胡槃
袁璵
李壽
何處寬
何九齡
楊盡
陳紹方
林桂發
張復之
楊源

元

史文彬　馬歹兒　郭志　偰傒斯

費復初

國朝

王公瑾　吳鏞　呼文瞻　周志道

徐用巽　喬昪　鄭能　劉璞

彭萬石　吉貞　王志　何平

鄒汝龍　茍翀　曹睿　馬文炯

蔡晉　李端　董宗　任豫

羅永年　邵昕　吳昭　鄭達

周敏　梁用偉　唐素　楊謐
余璣　張洵　楊子器　張彝
徐璁　吴祺

學官題名
宋[illegible]主學
倪躍龍　包應許　戴成大
元[illegible]陞爲州改設教授
劉秉懿　施塤　王立　史締
陸介　李鳴鳳　王内泰　貢師正
劉文慶　周師式　陳禮　鄭庭鸞

李朴　蔡基　歐陽幹

國朝復爲縣設教諭訓導

教諭

陳則　淶居恭　王瑾　周輝

徐頤浩　蕭引之　王紘　曹昇

朱冕　陳賓　馮獻　嚴敏

劉衡　張泰　劉學滋　崔中　許濬

周謨　楊宗

訓導

陳滔夫　鄭閎　林鍾　盧從龍

壇壝

社稷壇在縣治西南三里至正七年知州貫復初創建洪武三年二月知縣呼文瞻重脩

壇東西二丈五尺南北二丈五尺高三尺四出

堦各三級

石主長二尺五寸方一尺

神廚三間在壇西

齋房三間在壇西北
宰牲房三間在神廚西
水池一
瘞坎在壇西北
垣圍五百十五步
門四四向
風雲雷雨山川壇在縣治南一里餘洪武三年二
月知縣呼文贍剏建
壇東西二丈五尺南北二丈五尺高三尺四出
陛各三級

燎臺在壇東南
神厨三間在壇東
庫房三間在壇東
宰牲房三間在神厨東
水池一
垣圍五百五十歩
門四四向
邑厲壇在縣治北三里馬鞍山陰洪武三年二月
知縣呼文瞻創建
壇高三尺五寸周圍二十五步

垣圍五十五步

門一南向

祠廟

六先生祠在儒學内宋淳祐己酉攝令吴堅建祀

周子二程子張子朱子南軒張氏今廢

先賢祠在儒學儀門外

甫里先生祠在全吴鄉甫里

衛文節公祠在儒學東

葉文莊公祠在儒學北弘治四年知縣楊子器創

造

賢守令祠在儒學内祀宋縣令張方平葉子強潘
友文巫自修項公澤林桂䕺宣德二年重建今廢
事賢堂在報國寺西知縣楊子器建祀
孟尚書祠在縣治儀門外相傳縣址尚書舊宅故
祀之
梓潼祠在清真觀内
王太守祠在景德寺内晉王珉捨宅爲寺故祀之
城隍廟在縣治北馬鞍山陽舊在縣南洪武三年
知縣呼文瞻移今所
惠應廟在馬鞍山南祀馬鞍山之神唐僖宗中和
二年建宋徽宗崇寧元年賜額

國朝洪武二年封崑山之神永樂三年廟燬宣德中縣丞吴仲郢重建

婁侯廟在縣東北婁縣村祀吴張昭陸遜元至順間廟圮知州偰傒斯重建

景雲大王廟在縣東北二十里蔚洲村相傳唐吴國公蔚遲恭生于此故祀之

張公廟在縣東南三里祀張文定公方平

卜将軍廟在縣治西卜山上

東嶽廟在縣治東南今廢

巴王廟在縣西北三保舊傳農人墾土得斷碑云

彭府君墓在巴王墓南由是知庙下有墓巴王彭
府君莫知其詳

## 墳墓

郟司農墓在今太倉北門内
王侍御墓在縣東南
李侍御墓在縣東南圓明村
衛文節公墓在縣東南石浦按葉盛衛族考在湖
州歸安雞山
王文恭公墓在縣治西北金潼橋南
陳墓在五保湖水中相傳宋孝宗妃陳氏嘉泰中

葬此墓後搆蓮池院命僧守之今廢

周進士津墓在小虞浦楊巷村

江通判墓在湞浦之西原開禧進士名先者葬此

嵇夫人墓在車塘嵇范良遂妻

易蓮峰墓在馬鞍山北麓

劉龍洲墓在馬鞍山東麓

顧阿瑛墓在綽墩村

李節婦墓在馬鞍山東北

陳氏墓在馬鞍山南麓俗呼為陳宅花園

費副使復初墓在城東南鵝湾涇

顧尚書墓在馬鞍山北麓
夏太常墓在縣治東南
虞侍郎墓在縣治南
葉文莊公墓在縣治南

## 宮室

問潮館在駟馬橋西知縣葉子強建淳祐間項公澤重修
觀風館在縣治西南今無
近民館在縣治東今無
春和樓在縣治南今無

賞心楼在縣治東南今無

雲槎楼元邑人張仲寬家造詳見記文

虹月楼元邑人朱君璧家造今猶存

養壽楼在顧文安家趙文敏公書扁

經臺

鍾臺俱在慧聚寺前宋淳熙間燬

翠微閣

連雲閣

凌峯閣

月華閣[redacted]俱在馬鞍山中今廢

千林閣僧乘白雲所居

巖陰堂

清輝堂俱在馬鞍山中今廢

清心堂

覽輝堂

樂全堂俱在縣治內今廢[illegible]

四賢堂在李侍御巷內祀李衡莫濟周必大王希

呂今無

棲閑堂在城南今無

交順堂在石浦宋衛特敏季敏所居[redacted]今無

[redacted]

後樂堂在衛文節公所居今無
逸野堂在縣西北宋王僖所居今無
菉竹堂在縣治東南葉文莊公所居
覽輝堂在縣治内宋淳熙間主簿吳堅建
喜廉堂在邑人陳昌世家昌世自信守召爲尚書郎入對理宗有一廉可喜之譽後歸以名其堂
承訓堂在鄭準家蓋其子高郵守端不墜先訓以肯堂自勵故名之
止足堂在鄭竦家竦知韶州倦仕而歸築室一區取知止知足之義以名其堂西澗葉丞相夢鼎爲

書扁
傳清堂在陳明復家蓋取其祖父清白相傳之義
訥軒程丞相元鳳書扁
資深堂在橘隱處士秦昇家趙文敏公書扁
學古堂翁譔伯益與其弟伯言讀書之地吳斗南
作記
農隱堂龔立道所居馬少伊教陶孫有詩
壽豈堂瞿智惠夫所居
多秀亭
豐年亭

芝華亭

凌虛亭

風月亭

唔山亭 已上俱在馬鞍山中今廢

錦香亭

絃歌亭

蘊輝亭

澄源亭 已上俱在縣治内今廢

頒春亭

宣詔亭 已上在鼓樓左右今廢

墨莊亭在東山上宋范良遂讀書處

范公亭在石湖書院內

水雲千頃亭在全吳江上姚申之家今無

春風亭在馬鞍山上太常卿夏昺造

玩芳亭吳仁傑所居

墨妙亭在顧氏西園提舉顧信建以藏子昂書劄

來鶴亭呂敬夫所居李孝光爲記

櫟齋在石浦衛湜正叔藏書之室也葉適爲記

知恥齋在石浦魏林家魏了翁爲記

書聲齋姚子章所居李孝光爲記

五軒之首作五行

還善齋郭翼所居李孝光為記

乾乾室陸仁良貴所居

芝蘭室在張顔家

編蒲室僧顔悅堂所居

疊浪軒在馬鞍山今無

高士軒在縣治內淳祐間主簿吳堅創今廢

遠綠軒在慧聚寺內揚維禎爲記

棲雲軒在景德寺內黃約仲爲僧記副綱記

觀雲軒盧融伯昭所居

夕秀軒壓雲軒翠屏軒翠茂軒畱雲五軒並在馬鞍山中今廢

樂菴在縣南圓明村李侍御歸老築隱於此
南郭新居在縣治南門外樂備功成所築今無
鹿城隱居在縣治西南盧熊公武所築今無
水雲鄉在山北王大過李立所居吳斗南有聯句
不繫舟僧栢子庭所居
大寶洲僧莊蒙泉所居
鶴塚秦約文仲所居
半隱莫仲宣所居顏叔簡有詩

園池

孫氏園在縣治北

陳氏園在縣治東

翁氏園在縣治西吳斗南有賞木芙蓉詩

洪氏園在縣治東

盛家依緑園在高墟

鄭氏園在馬鞍山前宋鄭竦築葉丞相扁爲玉峯佳處

陳氏園在潭潭水竹寬潔亭館宏麗東浦黄簡記

知縣徐聞詩書一名北園或曰范石湖書扁

西園在石浦衛文節公（所居公）自號西園居士

松竹林在縣治南知縣項公澤闢

陳氏園在東城橋西宋吏部陳世昌築端明洪恕齋名曰四時佳景

南園瞿惠夫所居楊維禎為記并詩

頖池在儒學大成殿櫺星门外

放生池在清真觀內石千里書扁

寺觀

薦嚴禪寺在縣治東南唐天祐三年鎮遏使劉璠捨宅爲寺匡禪師創建梁開平三年改崑福院貞明五年重修宋大中祥符元年改今額有高宗御書普照堂元泰定二年燬至元四年顔禪師重建

元末復燬

國朝永樂九年僧道良增修

華藏講寺一名般若在馬鞍山北麓宋宣和間信法師創建爲十方賢首講寺遂易今名洪武十三年僧大雅移建山巔

慧聚教寺在馬鞍山下梁天監十年慧嚮禪師創建唐會昌間廢宣宗大中間復興宋元屢建屢燬

國朝洪武二十二年僧曇儒重建詳見記文

景德教寺在縣治西南晉咸和二年司徒王珉捨宅爲寺始名寶馬宋景德二年寺僧慶訔請于朝

改今額元至正乙巳寺燬
國朝洪武十一年僧九齡重建
報國講寺在景德寺西元泰定間僧荃創建
國朝正統間僧紀重修
聖像教寺在縣南三十五里晉建興中里人趙罕
捨宅爲寺宋寶慶中燬
國朝洪武十七年僧法詢重建
能仁教寺在縣東南三十五里唐天祐二年魏長
者捨宅爲寺賜額羅漢禪院長興二年重修宋大
中祥符元年改今額

國朝洪武二十年燬明年僧一相重建
延祥教寺在縣東南四十里梁天監間里人華氏
捨宅爲紹法寺宋大中祥符元年賜今額元末燬
國朝洪武十一年僧德潤重建
福嚴禅寺在縣東南七十里磧礇村元至元二年
僧友山建
國朝洪武十九年僧澤雲增修永樂十五年僧信源重
修正統九年僧曉堂又建天王殿雷音閣剪淞軒
今爲江鄉勝刹
趙靈教寺在縣西南六十里唐大中十年僧宗德

建後廢

國朝洪武二十二年僧智彰重建

無相禪寺舊名寶乘在石浦鋪鎮梁天監十年建
尋廢後唐天福二年重建宋大中祥符元年賜令
額元末寺燬

國朝洪武十九年僧以寧復建

清真觀在縣治北宋乾道七年道士翟守真自天
台来創建真武道院淳熙元年增修賜令額元大
德間燬延祐間道士錢益謙重建

國朝洪武二十四年清理道教爲正一叢林永樂六年

道士張宗源建玉皇閣瞰放生池宣德七年七月

爲風雨所圮八年二月太常少卿徐善渊觧官歸

重建詳見記文

崑山志卷四

崑山志卷五

進士

唐無考

宋

端拱元年程宿榜

龔識字黙甫詳見名臣

天曆五年王堯臣榜

龔宗元字會之識子都官郎中

嘉祐二年章衡榜

郟亶字正夫見名臣

治平二年彭汝礪榜

孫載字積中其曾祖漢英仕錢氏爲崑山鎮遏使因家焉載登治平進士第嘗知考城縣一日巡尉來告盜集境上將以上元掠近郭至期載張燈樂飲許民嬉遊不禁夜如故事盜叵測遂遁去迄受代無復鼠竊者後歷廣東河北淮西使知海沂婺亳四州治務大体時號循吏終朝議大夫年七十五

熙寧六年余中榜

龔程字信民宋元子自幼讀書于南峰山先都官墓廬攻苦食淡手未嘗釋卷記問精確平生剛正自守嘗憤聖道不明欲排異端之學家不置釋老像儒家宗之歷西安丞桐廬令贈左朝議大夫

崇寧五年蔡嶷榜

龔況字濬之程子詳見文學

政和五年何㮚榜

唐煇字子明詳見流寓

黄偉字時俊

政和八年王嘉榜

衛閬字致虛大學博士

張德本字復之

宣和六年沈晦榜

王葆字彥光詳見名臣

范雩字伯達祕書郎

建炎二年李易榜

唐煒字子光煇弟朝議大夫

馬友直字伯忠特科宣教郎又見孝友

紹興二年張九成榜

尤著字少蒙承議郎

紹興五年汪應辰榜

郟升卿字師古亶孫見名宦

知常徽二州乾道六年自徽代還奏蠲本州額外創科雜錢一萬二千一百八十餘緡及允浥江東兩浙運司諸処緡一萬六千六百余疋其勤恤民隱類此

范成象字至先雱姪工部郎中

紹興八年

王嘉彥字邦美葆姪

紹興八年黃公度榜

沈詢字嘉問奉議郎知瑞安縣

紹興十三年陳成之榜

嚴煥字子文

鄭希顏字君亞

袁鼇字可久

張之才字周美特科

陳璹字器則

紹興十五年劉章榜

李衡字彥平詳見名臣

顔闓字彥和特科

邊惇德字公辯詳見文學

紹興二十一年趙逵榜

成端亮字伯準

紹興二十四年張孝祥榜

范成大字至能雩子詳見名臣

陳九思字希魯甲科
鄭縝字公玉
樂備字功成見流寓詳
紹興二十七年王十朋榜
顔度字魯子見名臣詳
王萬字必大蓧弟
紹興三十年梁克家榜
宋光遠字民望
趙善遠字道卿
秦膺剛字和仲特科

龔明之字希仲况姪性嗜學少聞父黨講論鄉
之先進即注意高仰既長滯留類庠者幾三十
年紹興二十年鄉貢明之年已六十或勸少匿
其數爲異日計明之笑曰吾平生未嘗妄語且
不敢自欺卒書其實晚以特恩廷試授高州文
學年逾八十法不應出官吳士在朝者列奏其
行義勅監潭州南嶽廟淳熙五年乞致仕鄉人
奉直大夫林振等舉明之鄉曲儒宗經明行修
議論操履衆所師法而窮居在下當議旌録超
授宣教郎致仕仍賜緋衣銀魚時御史李衡以

中缺進士

忠諫去國年幾八十德望絕人獨以見事明之
時人高之目爲二老明之生平不摘人短不作
貌言每自謂平日受用惟一誠字嘗附益黄山
谷語以省喫儉用錢五休居士撰中吴紀聞三
卷子晃昱又見孝友

淳熙二年詹騤榜
張舜卿字次夔之才子
陳宗召字景南詳見流寓

王嘉謀字叔明特科
陸自新字德輝特科
胡元佐字德懋特科
辛元應字膺辰特科
周良臣字君顯特科
淳熙五年姚穎榜
吳仁傑字斗南一字南英詳見文學
顔澈字伯澄特科
淳熙八年黄由榜
黄真卿字元吉特科

方志云馬先覺中梁克家榜紹興三十年

淳熙十一年衛涇榜

衛涇字清叔閬孫狀元詳見名臣

呂伯奮字忠甫登淳熙進士第幼與其弟仲堪

叔獻皆中童科名公賦詠甚多

夏允中字彥執

翁謙字天益知鹽官縣

淳熙十四年王容榜

李應祥字夢龍衛子

顏叔淵字養源度姪

馬先覺字少伊友直孫初主海門簿調常州教

擢晚歸時宰辟爲沿海制置司幹官以先覺自
重難挽徑以名聞擢兵部架閣素號高逸不事
請謁出爲浙西常平幹官號得閑居士以承議
郎主管台州崇道觀所著詩文曰懃筆

隆興元年木待問榜

唐子壽字致遠煇子朝議大夫

郁昇字舜舉

趙彥竦字欽仲

趙公高字成甫

袁宗仁字壽卿鼈子書庫官

姚申之字崧卿
賀三聘字湯輔
李迭直字世南
成欽亮字仲憐端亮弟知峽州
乾道二年蕭國梁榜
葉季亨字時質特科
林梓字材卿特科
乾道五年鄭僑榜
辛撲字應仲
陳茂英字季實

王邁字德遠詳見流寓

陳九德字希臯九思弟

潘孜字道任特科

錢永獬字叔憲特科

郏晉卿[illegible]字師尹升卿弟特科

乾道八年黄定榜

范之柔字叔剛詳見名臣

范藻字德明成象子

張左字右民特科

李燁字良佐

紹興熙元年余復榜

李起宗字揚祖衡子安吉縣丞

顔叔玠字景珪度姪

趙善遽字衛卿善遠弟

顔叔平字景晏度子

陳振字震亨古靈陳先生襄之後父遵贄御史李衡女因家崑山平居急義樂善好汲引後進然有過失必規之以正其爲文簡健高雅追古作者無宋季陋習有止安集五十卷行於世好楷書有歐虞氣骨人得其片楮小簡皆傳以爲

式官至太府寺丞知永瑞二州以朝議大夫致
仕自號止安居士卒贈通議大夫又見孝友子
昌世亦以文鳴薦優吏事由太府丞知信州治以
家聞擢吏部郎名對理宗有一薦可喜之褒後
知瑞州有善政遷朝散大夫自號澹軒中歲絶
欲自奉極菲薄居官所至有遺愛皆以節用愛
民爲本家故有薄田收所雖鮮嘗於貴糴之時
損直以濟民鄉里德之昌世子師尹魁鄉薦次
明復魁銓闈中鎖廳官至朝奉郎通判慶元府
顔應字叔脩度弟

朱起宗字元振特科
胡杝字德進特科
鄭允文字元脩縝兄特科
紹熙四年陳亮榜
張松字子觀
慶元二年鄒應龍榜
鄭準字器先詳見名臣
王芹字元秉特科
慶元五年曾從龍榜
陳貴誼字正夫宗召子

顔叔瑶字粹中叔玠弟

衛沂字與叔涇弟

潘興嗣字顯祖

敖陶孫字器之詳見流寓

沈晞顔字文仲

嘉泰二年傳行簡榜

趙綝字君善詳見名臣

、顔叔開字景容度姪特科

沈誠字天瑞詢孫

、林溥字景仁

楊昕字希[illegible]縣

陳貴謙字益夫貴誼兄博學宏詞科

開禧元年毛自知榜
江先字子明朝請大夫
趙汝淳字于埜
顔叔璵字器之度姪特科
邉瀛字道卿惇德子特科
嘉定元年鄭自誠榜
衛洙字魯叔涇弟右司郎中
衛洽字晋叔涇弟
袁宗魯字道卿宗仁弟特科
鄭敭字[illegible]揚休特科

嘉定四年趙建大榜

稽源字子長上舍

吕叔獻字桼父伯奮弟

胡天選字賢卿特科

嘉定七年袁甫榜

衛洙字魯叔再及第

黄必大字昌卿

王杲卿字睎顔特科

嘉定十年吴潛榜

王圭字君玉邁子圭幼孤忍貧力學孝於其母

初主松陽薄就陞爲令行經界井井有條至今
版繪其式行於天下爲經界者準則後知常州
入爲司封郎官終朝散大夫自號静觀有文集
十卷其居官廉家無餘貲死無以歛子敏學疆
學俱以圭蔭歷任亦以廉謹聞

嘉定十三年劉渭榜

黄保大字和卿必大第省元太平教授

鄭肅字文捷準兄特科

嘉定十六年蔣仲珎榜

蔡珏字珎父内舍

郁雲字景龍内舍安慶教授
黄洙字魯叔特科
紹定二年黄朴榜
郁中字正叔雲弟内舍
顧然字雍叔特科
郭思義字得甫特科
沈逢原字深甫特科
端平二年吳叔吉榜
陳拱字泰亨振弟武康簿
嘉熙四年周坦榜

劉必成右科狀元

淳祐元年徐儼夫榜

邉應升字子用惇德孫奏名丹徒簿自幼穎悟

力學自奮重然諾寡言笑規行矩步為鄉士師

式從學者藹然有成

李滑字晉甫應祥子特科寶應縣丞

淳祐七年張淵微榜

袁逢午字中甫宗仁姪特科

寶祐元年姚勉榜

李特昭字進叔舍選第三甲出身

寶祐四年文天祥榜
邊雲遇字龍光應升次子江陰縣尉
王体文字克章上舍
開慶元年周震炎榜
林文龍字用雨
景泰三年方山京榜
凌萬頃字叔度號松臞博學多聞登景定三年
進士第寶祐初與邊實同脩崐山志
張熹字子[illegible]明
咸淳元年阮登炳榜

高烈字和父上舍釋褐

趙必焄字茂可宗室單恩

郁夢燔字敬甫奏名

郁紹庭字継文

咸淳四年陳文龍榜

徐功甫字文敏奏名

崑山志卷五

進士

元無考

國朝

洪武十八年　榜

王遜字謙伯洪武中以為監察御史鞫囚明敏各

得其情持憲度律己毫髮不自容家居凜然所

親謂之曰君嚴自治耶公曰吾讀書求道翊己

不治而能治人也每以直言砭切同列政病故

此處補入洪武二年進士

人称之曰真御史子復

洪武三十三年胡靖榜

陳善字之敬行人

永樂四年林環榜

吕旦字寅伯父昭歷官以廉介稱旦性簡淡不好華少從味易叟鄭先生游得所授又從松谷林先生以詩經卒業既舉進士即奉　命董工伐木于湖湘又督開平粮芻俱称任以薦特拜河南按察僉事居官廉謹正大有氷蘖聲未幾以同寅事累去職居長蘆凡十年免帰教授鄉

里志泊如也宣德初

詔下求賢復起爲建昌推官歷兩考推獄平允政聲益振正統乙未以老乞歸深衣幅巾怡然自樂壽[illegible]鄉人稱其操無不媿乃父及卒無以爲斂故人吏部尚書蕭山魏公驥輩買棺葬之

永樂十三年陳循榜

夏昶字仲昭生有異徵天資秀朗稍長治春秋有名舉進士入翰林爲庶吉士其名從永從日

太宗皇帝常召見謂曰太陽麗天日宜加永上因改昶爲昶士林榮之昶以經術進而書法特妙寖

承恩眷賜第宅免朝參時備顧問特命書北京
諸宮殿榜會僧釋典集朝士及天下名僧善書
者各書以進
上獨取昶書第一授中書舍人尋陞吏部考功司主
事正統初預脩
仁宣二廟實録又命書
御覽諸書皇陵等碑用薦
出知江西瑞州府政尚平易民便安之年谷屢
登盜賊屏息乃大修學校建秀文樓以勵諸生
景泰中奏績入朝遂留爲大常少卿尋遷正卿
致仕成化庚寅卒于家訃
聞賜葬祭昶爲人

寬亭樂易居家孝友詩詞皆清麗書師陳文東
寫竹師王孟端泉石師吳仲圭筆法妙絕一時
四方士大夫競求之不得者以爲恨海外諸國
若朝鮮日本使至必重購以歸[redacted]（子文）振[redacted]（見薦李）
書[redacted]鎡以
杲蔭授光祿署丞
永樂二十二年邢寬榜
顧讓字宗禮刑部主事
張經字伯緒慱古嗜學不樂仕進諸生受業者
多成偉器

宣德五年林震榜

王復字從道遜子終監察御史

盧瑛字克修性敏博覽群書工古文篆籀畫竹得舅氏夏太常筆意初任刑部主事卒于官

正統元年周旋榜

龔理字彥文先其汴人宋南渡時殿中侍御史猗從居崑山之真義村子孫因家焉理性方正毅然有爲初授屯田主事轉都水郎中景泰中陞山東左布政使會河決張秋督治有方漕路遂通軍民便之

正統四年施槃榜

張和字節之少從同邑進士張經淞江陳文璧吉水尹鳳岐授書經退居馬鞍山中講習餘廿年學者多從之遊既而慨然有志用世與弟穆同舉進士和以第二甲第一人唱名俄以病歸益窮六經子史爲文詞沛如也病起授南京刑部主事凡獄重刑疑者多所平反河東薛文清公瑄時爲大理卿甚器重之

景太中與[illegible]秘閣大纂脩天順改元復还南京尋以廷臣薦陞淅江副使提督學校嚴教條以身

率之儀範肅然其考較品定咸□愜輿論平日
教眷尤有恩意至今浙藩士論學政得体必以
和與華亭張尚書悅並稱未及大用而卒君子
惜之所著有篠菴集若干卷
張穆字敬之和之弟會魁文章與兄頡頏時稱
二張仕終浙江右參政所著有勿齋稿
夏遂字存良初任主客司主事以慎密受知于
大宗伯毘陵胡公尋陞儀制員外郎卒于官
正統七年劉儼榜
沈訥字文敏天性穎悟自少力學甫冠游邑庠

月考文字時出奇語校官器之初任大理評事辯駁獄詞悉當門無私謁尋陞福建按察僉事專董銀坑事潔己率人民樂趨役景泰中閩盜鋒起訥首集鄉兵親督勦捕卒平群醜其功居多訥官大理時侍郎章綸先任言官以言事觸諱下獄素與交者皆避不往訥獨遺金以周其費綸荅書方以漢之孔融天順初陞副使卒于官所著有晚園等集

正統十年商輅榜

葉盛字與中詳見名臣

項璁字彦輝初任江西道監察御史號得憲体
歷陞湖廣按察使江西左布政使

正統十三年彭時榜

鄭文康字時乂本開封人後徙崐山世居平橋其先有名居中者贈太師追封華原郡王累世業儒文康長身偉軀志高流俗登科後以疾乞帰家居日取群經子史批閲雖病不少休指物操觚頃刻數千百言非公事不入公府惟開門授徒一時晚進經誨導者多取科第喜談忠孝節乂事表賢與善發幽弔古若嗜欲然所著有

平橋稿十八卷

瞿泰安字伯陽終刑部郎中

沈祥字應禎初任工部主事歷陞四川右叅議既歸日與鄉搢紳諸老爲宴會優游林下幾三十年子孫相繼登科人稱享福云

孫瓊字蘊章其先長洲陸氏以父後崑山孫道庠因冐孫姓瓊生有異質甫長學日加進二十五舉進士授刑部主事累陞郎中階奉政大夫官刑部十有五年廉公自持而以仁恕濟之獄經讞決無一人称冤者尚書俞士悅陸瑜皆器

重之屬意委任天順間錦衣衛指揮門達用苛
刻羅織人罪送刑部擬罪者率承望風旨不爲辨
往往死非命惟屬瓊者多所平反太監牛玉假
子覺攬錢粮事覺囑之曲法瓊不听由是積怨
權貴會同官員外郎貝其以姦賍敗詞偶連瓊
羣小因巧詆謫戍遼左瀕行囊底蕭然

憲宗登極肆赦復其官月餘即上疏乞致仕時年四
十歸隱鹿城幾三十年未甞一跡公門士論高
之成化初下詔求賢當道交薦其材可大用不
果家居事父母以孝喪祭極哀敬每旦必衣冠

此後凡有圈者乞分留板以俟查補

拜先祠非疾不廢所居朴陋人不能堪而處之
裕如風度凝遠望之者鄙吝自消對客談論鑒
鑿聳聽竟日体無傾側客退獨處端坐閱經史
儼如也所著有鹿城遺稿藏于家[redacted]
王汝霖字民望贈工部尚書永和季子初任吏
科給事中歷陞河南右布政使其仁厚有父風爲
景泰二年柯潜榜
吳璘字德潤浙江按察僉事南京匠籍
李秉彝字○○終○○○○○○○籍
景泰五年孫賢榜

顧瑾字○○終○○○○○

趙慱字克周兵部主事

夏璣字德乾監察御史致仕

天順元年黎淳榜

陸鏞字○○終○○○○○

天順四年王一夔榜

郭經字用常○○按察僉事

天順八年彭教榜

陸鉽字鼎儀父育於吳氏隨其姓復後今姓鉽

性沖默聰明內蘊火好學潛脩人無知者天順

癸未會試禮部第一廷試第二人及第一時名動京師初授翰林院編脩歷陞太常寺少卿兼侍讀
憲宗嘗妙選儒臣輪直進講鈺焉與其敷陳詳懇禮度莊飭
上寵善之屢同考會試品鑒精甚號称得人弘治初以疾乞歸逾年卒訃聞准三品例賜祭葬蓋特
恩也鈺有雅志德業思古人每國有故憂形于色所著有春雨堂稿春秋抄畧若干卷子爰以鈺廕授中書舍人今為州人

朱萱字樹之大理寺評事

成化二年羅倫榜

陸容字文量氣宇英特性惟嗜學受知于文莊
公初授南京吏部驗封主事改兵部職方所掌
邊務甚殷封事日三四上多出其手有錦衣百
户韋瑛得罪謫邊謀再用指良民妖言爲功言
于尚書奏請下法司鞫之瑛竟坐誅被誣者十
餘人皆得什京師称快又有怙勢求爲将官者
容執不可上疏奪其成命士論壯之弘治初陳
八事皆中時弊而儲養台輔愛惜人材二事尤

剴切尋陞浙江參政至即條列浙中便宜十事上奏
悉見施行未幾罷帰官踰年以卒君子惜其材
操未究于用焉所著有式齋稿及記録諸書總
若干卷

成化五年張昇榜

朱紳字儀中萊州知府錦衣衛籍　絳

李昊字○○○左參議上元縣籍　絳

成化八年吴寛榜

高敞字德廣仕至應天府尹卒于官訃聞賜祭葬
美風姿爲人闓達通敏初任礼部主事

姜昂字恒頫任福建右參政家居養親令爲州

人

成化十一年謝遷榜

孫裕字德宏瓊子終知州

吳瑞字德徵工部郎中致仕

秦瓛字廷贊少時學既長代父應里役稍挫辱於人即弃去勵志卒業數年遂舉進士瓛性敏而才高初授刑部主事即有声獄經推瓛者情法皆當日以其餘力爲詩歌古文意態俊逸觀者知愛歷陞貴州按察副使在任踰年以公幹便道省母遂不樂仕放情林壑間所著有詩文

集若干卷
吴愈字惟謙今任河南右參政
王僑字德高工部郎中今爲州人
金章字相用福建按察僉事雲南籍
成化十四年曾彥榜
虞臣字元凱兵部侍郎祥孫四川右參議致仕
管琪字儒珍今任廣東右參議
王倬字用檢今任貴州按察副使州人
張翬字鳳舉終○○知縣雲南籍
成化十七年王華榜

朱拭字良用祖父世業儒教授鄉里拭幼穎悟
稍長勵志讀書尤精於易未第時日與諸門生
講論不倦得儒先未發之旨平居和易沉默及
舉進士授蕭山知縣即以廉幹稱尋擢監察御
史遇事敢言倡率同列嘗劾文選郎中貢欽招
拳納賄爲選法蠹又因災異上疏言天變不虛
寔與人事相關言甚切直秩滿便道省母因卒
于家士論惜之

成化二十年李旻榜

朱文字天昭今任湖廣按察副使

盛洪字思禹令任廣東按察副使

沈瀚字容之令任禮部員外郎

成化二十三年費宏榜

陶瓚字述之刑部主事左遷處州通判

陸崐字中玉早卒

王秩字循伯令任南京兵部主事州人

徐璘字君璧御史左遷通州判官籍

沈時字元中祥子終泰和知縣

弘治三年錢福榜

張安甫字汝勉和姪祁州知州

金冕字文用章弟今任○四○川○副○使

弘治六年毛澄榜

毛澄字憲清狀元今任右春坊右諭德州人

馬慶字善徵今任南京○○道監察御史州人

黃清字原潔●終兵部主事　　籍

弘治九年朱希周榜

朱希周字懋忠文子狀元今任翰林院侍讀

顧潛字孔昭庶吉士今任山西道監察御史

吳大有字元亨璘子今任鄧州知州

沈信字僭初祥孫早卒

李熙字師文昊子今任○○○○道監察御史

弘治十二年倫文叙榜

周倫字伯明今任新安知縣

吴蘭字佩之瑞子今任分宜知縣

許立字伯基今任海豐知縣

杭東字啓明今任濟陽知縣

弘治十五年康海榜

盛鍾字秀夫今任南京禮部主事長洲縣籍

崑山志卷五

崑山志卷六

舉人

元

至元十三年鄉試

張守中字大本通春秋洪武初訓導郡學弟子不遠千里負笈來從

國朝

洪武丁夘科

王好謙崇安令遷太倉府學訓導陞終會同教諭

洪武庚午科
陸得舉終福州府學教授
洪武癸酉科
陳良字性初襄陽府學教授歷淮府紀善終
洪武己卯科
黃本字有原終平樂府通判
馬昪字文昱終沔陽州學正
永樂癸未科
楊忠字恕行歷仕順昌羅源終清江[illegible]縣學教諭
永樂乙酉科

鄭庚字叔巽[redacted]終內黄[redacted]教諭

朱泰安字士栗中書舍人吉子與其兄士隆皆
清修苦節不墜家聲初授內黄教諭其教學者
以熟傳註惇行誼爲先丁內外艱歷調安仁安
吉陽信三學所至施教如內黄士子造就甚衆
再滿三考當陞不俟奏褎致仕東里南郡二楊
公以世好強留之不可既歸僦屋數椽授徒人
告以官府聲利事默如不聞間提杖出門訪夏
太常昶永鄭進士文康或壺或奕或亹亹談前輩
故實日晏乃返布袍蔬食處之怡然及卒葉文
莊公銘其墓

永樂戊子科

[redacted]張璣字循伯初[redacted]
終荊府長史

永樂辛卯科
終

邵璉字汝器[redacted]刑科給事中
杜春字孟寅[redacted]終長沙[redacted]教諭

周璟字季温初授烏程教諭陞臨江南昌二府

學教授擢監察御史遷 鄭府左長史

王希字士希

虞祥字仲禎詳見名臣

永樂甲午科

曹瑜字克温終平瑶教諭

許玉字温如終黄岩教諭

戴義字以方終汾水訓導

陳劭字宗勉終滕縣訓導

王永和字用節詳見名臣

永樂丁酉科

黄鐸字希聲性耿介嘗授徒崑城自題其坐隅曰非公事不入縣門里中子弟從之學三日不授書唯命以正立必欲堅不動或怪以爲問曰讀書易耳爲人難苟生立未當他何望焉識者以爲善教未仕而卒鄉里惜之

永樂庚子科

吴凱字相虞自幼秀朗從鄉校師王樵玉先生學即奇之曰子聳壑昂霄可指日待恨吾老不及見耳稍長遊邑庠永樂中以能書赴京預脩

大典宣德中授刑部廣東司主事逾年改行在
雲南司兩司並號繁劇皆優為之正統丙辰改
禮部主客司以其母高年無他子弟力乞歸養
太宗伯胡公濙留之至再不可得既歸孝養備
至母卒喪葬咸盡禮凱風儀脩整嚴峻見者知
敬非公事不一至公府家庭間禮秩然一言行
不苟且吏部尚書曹州李公秉初以都御史填
遺跡言崑山吳凱以有用之材居閒散之地其
人器識不凡達大體可用不報及卒葉文莊公
銘其墓稱為偉人文莊嘗曰士作官前輩中法

吳叔後輩中法蘊章蘊章孫郎中瓔字也其爲
時推重如此

章賢字士希初授大理評事歷陞漢陽知府致
仕性謹重居官廿餘年清白一節後留寓南京
僅得薄田百畝自存竟不能還鄉人以其廉與
呂氏父子並稱云

永樂癸卯科

王貲字之深見文學

蔣明字奎章慈利教諭宣德中奏陞元儒吳澄
從祀嘗修崑山志

宣德丙午科

金奎字文昭日照教諭

趙昜字叔昭輝縣教諭

宣德己酉科

章衡字志行陽信訓導

徐牧字養正一字子心嘉善教諭一典河南兩

典福建文衡

宣德壬子科

徐哲字仲智

宣德乙卯科

周璿字以政

趙勉字克強國子助教

正統甲子科

陳瑚字孟佐

朱旻字希仁石首教諭致仕

正統丁卯科

梁昱字文輝平定州知州

朱芹字克誠永康教諭弟萱見進士

周泰字存敬少從鄭介菴學詩穎悟過人弱冠

取高第初授烏程訓導秩滿拜楚府東安王教

授匡盖甚多尋以母老乞就近地便迎養得常
之宜興仍食教授俸成化初丁母憂服闋陞
山東蒙陰教諭三學之士荷其教者多取科第
為達官在蒙踰年即引年以歸杜門養高不入
公府所居去縣司甚邇自令以下有不識其面
者其介如此

景泰庚午科

徐春字汝易終梧州知府

黄玹字叔潤

陳灝字亮清終吳橋教諭

沈律字應和國子監學正

景泰癸酉科

陳旒字用文新城教諭致仕

黄琳字廷耀河東盐運司同知　初任滄州知州歷[redacted]陞　奏[redacted]復塩池旧門二商民称便歲鹽課十餘萬引

景泰丙子科

沈存字元謨城武知縣

王永字孝思應城知縣

天順己卯科

沈蒙字以正未仕卒

鄭璇字週輝龍游訓導

金杲字德明淇縣知縣

天順壬午科

王庭字元直自少刻意向學嘗從葉文莊鄭介菴遊二公皆器許之成化丙戌會試中乙捞授鄜州學正鄜在邊鄙至則躬勤訓誨課試不懈自是稍有登科第者嵗歉民田耕以自給於束脩無所計還國子監學録勤勵如在鄜時弘治戊申拜瀋府長史以正獻納得輔導體庭自負劉直嘗聘典江西文衡御史欲先試其文定主考者庭獨不可曰考官職去取人若先就試是

枉己求售也及出院凡有司所供帳一介不取人尤重之其不徇流俗類此癸丑卒于官帰葬馬鞍山陽

馮鉽字仲舉東安教諭

沈秩字天叙終[redacted]○○訓導

王鑑字與脩[redacted]少有雅志嘗大書忠孝二字於座隅以自勵惜[illegible]未仕而卒

成化乙酉科

陸鑑字汝昭終東昌府通判

成化戊子科

方賢字朝用終南陽府通判

李鼎字與新終咸寧知縣

鄭膏字山齡終泰和縣丞

成化辛卯科

吳綸字廷言未仕卒

張學字時學遂昌知縣

梁紈字尚素[redacted]昱子[redacted]泉州府同知致仕

龔綾字朝羡布政理子終青縣學教諭

成化甲午科

楊楷字元範平陽知縣

歸鳳字應韶終城武知縣

張汝舟字濟民令任思南府知府

成化丁酉科

朱塘字汝貴許州學正

高以政字養民上杭知縣

成化癸卯科

方岳字鎮之賢壻

黄瑄字文貴令爲州人登壬戌科進士任工部主事

張汝粟字養民汝舟弟令任定海知縣

沈孟儀字宗式令任東安知縣

張經字文濟南豐教諭

吳彰字文著未仕卒

成化丙午科

葉晨字廷光盛子未仕卒

馮琨字君美鉞子今任薊州知州

沈僎字希輔副使訥姪

闞雲字時望餘干知縣今爲州人

王稷字惠叔主事秩弟今爲州人

朱組字執中今爲[illegible]陽訓導錦衣衛籍

弘治己酉科

王悌字民悅工部郎中僑子未仕卒

弘治壬子科

周在字成德令爲州人

陸伸字安甫叅政容子令爲州人

陳夔字用常太平縣學教諭

弘治乙卯科

吳蒙字養正

龔震字敬脩綬從姪

吳鸞字廷祥

弘治戊午科

張貴字天爵

徐彰字用光

龔坤字敬承紱子

方鳳字時鳴

弘治辛酉科

方鵬字時舉鳳兄經魁

柴奇字德美

張寬字德宏

顧昂臣字九和[redacted]

毛震字畏之

陳汝翊字邦輔

歲貢

國朝

丘驥字公驥刑部給事中

范從文見孝友

范麟字應祥刑部主事

龔詧字叔言性端確嗜學不倦洪武初任岳州
學正官終兵科給事中

章昪字日升魯府引禮舍人

彭英魏縣知縣

陶宗順監察御史左遷倉副使終

郁忠潮州府同知

王英字俊伯性和易與人交不設崖谷洪武中以監察御史陞刑部主事尋陞郎中官至山西提刑按察使卒于官孫成憲定海教諭

許文英撫州人尋甸軍民府通判

李謹字有常太寧主簿

任子玘豹韜衛知事

金珪冀州金竺安撫司吏目

沈璿字衡叔工部虞衡司主事

吳良字以貞廣州前衛經歷

王毅字勉學漳浦知縣

生員王羽家有事实請署收入

許剛字秉中鈞州判官

王浩字養善福建建寧衛經歷

金鑄字元範海寧主簿

唐瑛字士恂

朱通字彥達

顧洵字東美

張琰字文美

周昇字景星連江知縣

郁煥字景章龍驤衛經歷

唐宗字克紹樂平知縣
陳競字惟謹竹山知縣
費謹字有常泉州府推官
沈餘慶字孝祥預脩永樂大典初授禮部祠祭
司主事歷陞湖廣叅政
朱昌字顯道重厚寡言幼從吉水蕭引之先生
學春秋宣德中授中府都事居官甚廉致仕歸
貧不能給詳見墓[illegible]
支琮字敬將南京留守衛經歷見孝友
朱達字叔達鈞州同知

徐建安字以寧未仕卒

顧英字華仲信豐縣訓導

張能字尚德新城知縣

陳良字本初長清訓導後轉保定伯家塾終

楊信字以實杞縣丞致仕

張敏字志學由吏黃縣教諭

甘霖字用汝衢州府同知

倪端字以正盧氏訓導

龔瑾字汝器曲江知縣

虞常字仲倫興隆衛經歷

孫宗字公武湘潭知縣子瓊孫裕俱進士

吴芳字廷實辰州府學訓導

吴純字克和南京工部營繕所正

張謙字克讓脩武知縣

李瑛字克潤道州訓導謹子

浦華字士傑〇〇〇〇

王勤字勉學松陽知縣

周康字以寧大冶知縣

陳璉字重器東安知縣

郭[illegible]字廷[illegible]龍游訓導

周叙字炑倫開化主簿

錢用字尚賓贛州府學教授

范起仁字德元高陽訓導 終

鍾浩字有源長垣知縣改武寧知縣 終

王曰敏字仁功御史復子石門訓導致仕

朱瑄字德敬冠帶不仕

葛芃字廷芳奉化訓導 終

張注字時雨潮陽訓導致仕

陳劭字士強義烏訓導 終

朱文盛字原禮武義訓導 終

魏鏞字文遠玉山訓導 終

楊謹字德檢蘭溪訓導
陳諫字敬言堂邑教諭
王灝字伯誠[redacted]訓導
滑泉字晉輝玉山訓導州人
顧諒字宗信陽穀訓導
顧式字正夫杭州府經歷[redacted]
戚臬字汝明常山訓導
許翀字鴻漸新喻訓導
龔紞字朝肅布政理子新城訓導
黃雲字應龍瑞州府學訓導

龔經字朝贊紞從弟將樂訓導

周瑞字應祥德興訓導

張璐字德輝今為永康訓導

周順字性初

薦舉附援例

國朝

顧禮字原禮洪武初以材幹擢刑部員外郎歷陞戶刑二部尚書

趙允中字允和其先開封人元至正間徙平江路市舶提舉因家崑山允中和初任刑部員外郎遷大理評事予養廣州府知事

夏經字師道洪武中爲懷集知縣弟綸藤縣主簿

王震字子東宋參政綯九世孫父祖卿洪武初

爲行人夷山堙谷其設施爲多震應秀才舉除蕭都令歲飢震開倉賑之民賴以全活後陞德州同知僧寺有佛像能言人禍福遠近祈祭不絶震至携酒饌往與之飲良久震命左右取醉狐狸来及暮寺後草中果有狐酣睡獲以獻震使縛而懸諸桷翌旦狐醒丐命震曰王法左道惑民者有常刑狐哀告曰法雖然狐未嘗害物願公察之乃舍之後不復作

曹亨字長通明敏篤學洪武中任終國子學録

沈廷芳洪武初以茂才舉特授觀察使徙[illegible]終北

平左布政使

呂昭字克明世家崑山爲人莊重耿介有古君子風性嗜學通詩經兼攻子史詩書法洪武辛未被薦初試訓導徐州學九載績用有成賢才輩出後以言民事得失合宜轉閩之浦城丞浦城邑故多荒蕪地昭捐已貲市粟給無產者俾墾藝而不責其償自以粟少許種堂外偶有成九穗者人以爲德政之徵有父老植雙松于庭下擬甘棠遺愛[illegible][illegible]者永樂甲申

詔求賢者知交薦陞沁州知州瀕行父老各持金

贈昭學謝之至杭已無買舟錢抵家償以[illegible]
二斛及赴沁州之命時天已寒体無綿衣過徐
旧時授經弟子共為買一毛褁驢一頭以去在
沁六年清操逾厲一州姦弊盡袪廢墜具舉廉
能之聲聞于遠近屢較文山西鄉闈與纂脩永
樂大典子旦舉進士昭貽書戒之曰進士固美
官苟不似吾廉非吾子矣死亦不讀汝祀其至
性如此
盧熈字公暨博學好古中書舍人熊之第洪武中為雎州同知政
多遺愛及卒貧不能斂知州董俊要為之營辦歸

葬吏民送者數百道被雨無一人少却雖田夫野老亦爲私服一月云

洪英字國用謹重有文洪武中爲岳州知府終

楊英字國英號月軒洪武中爲黄州知府終

金庚字西仲工詩文洪武中授南陽訓導終東
昌府知事

范原良字宗善文正十二代孫洪武中舉終廣
州通判

毛質字純素洪武中爲棗強知縣終

顧昭字新民洪武中爲榮澤知縣終

王惠字用成洪武中授鴻臚寺序班終

陳伸字廷齡洪武中授富陽縣丞終
徐原字勉亨洪武中授雲南大理府儒學訓導
張節字勉廉有文學洪武中禮科給事中
石剛字介夫洪武中授兵部郎中江西撫州
知府
沈丙字南叔嗜吟詠洪武中授福州閩清知縣
再遷慶元所著有白雲集子餘慶仕至叅政
夏昺字孟暘太常卿昶兄精書法預修永樂大
典初授永寧縣丞被誣謫戍隆慶大學士楊榮
薦書釋典擢中書舍人昺性恬淡與人交恭敬

辭遜不擇便利善繪雲山嵐樹得意者不減米
南宮高房山致仕家居垂二十載而卒
趙遠字弘仲永樂中授臨朐縣丞請修寡欲[illegible]終
[illegible]河間知府子昺
王魯字企參少從大父棋玉先生訓隨長遊林松谷之門習書喜嗜吟永樂中爲蒼梧訓導陞稷山王府教授終
趙楷字宗範永樂中授都昌縣丞終
張準字士平永樂中授建安知縣終
衛靖字以嘉預修大典授中書舍人直文淵閣
陞禮部主事預修宣廟實録成食五品俸所著
有餘公清興集
陳暭字孟東永樂十七授會稽知縣遷嚴州淳安

皆以慈惠見稱
梁孟鏞以薦授館陶縣主簿後改萬縣民安其
政孫昱見舉人睟駙馬府學録
盛顒字蒙養永樂中應求賢舉特授江西左布
政使性寬厚得岳牧体晉陪祀
南郊後遷工部員外郎曾孫洪見進士
郡元亨洪武中歷知石城福山懷柔三縣皆有
能声
陳林南爲越府良醫一時名人咸與交游多爲
詩文頌美之
葛哲字明仲荊府良醫[redacted]
所著有保嬰集弟春亦善醫時称二葛
周公晃精數學預修永樂大典初授詹事府舍
人[redacted]饒州府照磨[redacted]
沈誠字敬言松溪主簿

屈昉字季恒南海縣丞所著有寓庵集

黄玘字廷儀正統初授光祿署丞終温州知府

張翔字元龍性介不苟善書嗜吟屢舉不利正

統初以材薦歷甌寧仙居二縣有惠政仕終滄

州同知

夏佑字存賢禮部主事遂兄正統初授臨海縣

丞終禮部鑄印局大使

陳勛字賢佐正統中歷知新淦金谿二縣咸有

惠政

張奎字景文大學生琰[illegible]仕卒奎授徒養母縣

舉　奎孝廉授山東茌平縣丞~~致仕歸[illegible][illegible][illegible]七~~終

~~餘尚無[illegible]~~所著有雲坡集

陸函字宗啓終永新訓導

諸寬字用仁漢州知州（終）
趙儼字若思珙縣知縣（終）
金晟字汝明都昌縣丞（終）
高嵩字維嶽○○○○（終）
朱晃字○○○○○○
夏鑑字○○○○○○
陳璚字仲玠○○○○○（今為靖江主簿審理走）
周垚字成勲巳下俱援例納粟入監
朱彬字天成沂州判官
朱益字汝修（今為）大理斷經歷

陸昺字汝輝
葉曇字廷漢
支寬字汝法
朱昆字克紹
黃京字宗達
王祈字用虔
周行字惟仁
夏景清字起法
朱篤字文節

崑山志卷七

文林郎監察御史邑人顧潛　編輯

## 名宦

### 三國

顧雍字元歎少從蔡邕學琴書嘗仕吳爲婁長有治跡後遷會稽郡丞吏民歸服孫權敬之親拜其母於庭官至丞相封醴陵侯

### 南宋

祖冲之字文遠范陽人孝武時直華林學省歷公府參軍婁縣令

梁

陸慶以好學通五經尤好左氏春秋節操高介爲婁令有善政

陳

殷不佞字季卿長平人梁尚書兵部郎中高明子以立名節居父喪以至孝稱孝武受禪除婁令文帝時兼尚書左丞加通直散騎常侍

唐

王綱大曆九年以大理司直爲崑山令始建學置博士弟子員民興于學

萬齊融越州人工文詞與于休烈賀知章葦友善
神龍中爲崑山令
劉綺莊毘陵人爲崑山尉博通今古嘗作集類百
卷行于世名崑山編
權立德輿從兄敏於學行爲崑山主簿德輿作序
送之
孟庭份郊之父能詩爲崑山尉
宋
邊傚華州人諫議大夫珝從子雍熈初爲崑山令
有賢行上賜璽書奬勞仕至殿中丞

梁適（字仲賢）鄆州須城人翰林學士顥（之）子天聖初爲開封功曹呂夷簡薦之朝擢知崑山縣後舉進士歷樞密直學士參知政事卒贈司空諡莊肅

張方平字安道揚州人景祐中爲崑山令縣有數十年積訟一問而決知州蔣堂得其所著芻蕘論上之遂舉賢良方正直言極諫科熙寧初拜參知政事以太子太保致仕卒贈司空諡文定

趙彥橚字文長秦悼王七世孫（父訓之以死事贈直秘閣彥橚）舉進士爲崑山主簿後知平江郡時海盜出沒爲患彥橚奏分崑山之半置嘉定縣屯兵以守以寶謨閣待制致仕

李維字仲方肥鄉人宰相沆之弟舉進士爲崑山令至道三年縣獲白龜維獻之郡官至尚書左丞卒贈右僕射

趙積字表微宣州人舉進士以太理丞知崑山縣官至樞密副使卒謚僖質

韓正彦字師德相州安陽人宰相琦從子父璦正彦嘉祐中知崑山縣濬塘七十里達于郡得膏腴田数百頃民賴之比去民遮留不獲爲立生祠作思韓記劉石祠下

梁澤民南劍州將樂人政和中爲崑山令有惠愛

父伯臣來就養澤民得於庭教爲多

姚舜明字廷輝越州嵊縣人宣和初知崑山縣至官月餘以母憂去欽宗朝爲御史僞楚之際挺節不污仕至戶部侍郎卒贈太師

王綸字德言建康人十歲能屬文紹興五年進士授崑山縣主簿以中丞魏師遜薦爲御史論事忤秦檜罷去檜殂母檜罷名爲起居舍人歷工部侍郎知樞密院事卒贈左光祿大夫謚章敏

程沂字詠之洛人伊川先生從子紹興間知崑山縣爲政和易有循吏風

謝深甫字子肅台州臨海人乾道二年進士由嵊縣尉調崑山丞嘗爲浙漕考官一時士望皆
中寧宗朝拜右丞理宗朝孫女爲后追封魯王謚惠正

潘友文字文叔東陽人朱文公呂東萊皆與交善開禧初知崑山爲政寬厚慈祥民稱爲潘佛子去後尤見思

葛洪字容父婺州東陽人從呂東萊舉進士爲山縣尉理宗朝拜僉書樞密院事繼參大政封東陽郡公杜範稱其侃侃守正有大臣風卒謚端獻

項公澤字德潤温州永嘉人淳祐間由長洲丞辟
宰崑山縣爲政廉敏以文學飾吏事留意學校買
田養士官至宗正丞中奉大夫嘗脩玉峯志
丘與權爲崑山主簿時議脩崑山塘未决與權陳
五利不成請以身塞責郡列其議以聞塘成至今
利之嘉祐九年右司諫趙抃薦與權有文學士行
服闋閑居固窮守道學者如歸堪充國子監直講
替王逵缺王珪亦薦與權困於州縣二十餘年然
孤潔自遠不能苟合於當塗之士觀其藝文
議論純正遺時右文宜見收采其爲時所推重如

此

元

史文彬至正九年知州事適海寇爲患官兵捕者連數百艘文彬悉發官帑供餉無擾于民卒有肆剽掠者令友接于市鞭之即置諸獄由是無一人敢猖獗者民賴以安作孔子廟增學官弟子員躬勸農桑平徭簡訟措置百務秩秩有成

費復初字克明東平壽張人至正間知州事劉直廉明民敬愛之學久廢復初拓舊址脩建暇則往與弟子員講辨義理洪武初爲福建按察副使卒葬于崑

偰傒斯至正二十三年知州事政尚寬平境內忠貞孝義之事多所表白

國朝

芮翀字子翔河南鄢城人洪武二十七年張信榜進士初知墊江改金壇又改崑山政不察察而吏民知畏抑暴繩奸扶顛舒屈未幾丁外艱去民不忍舍

部護陜西岐山人初授山西忻州同知陞戶部主事洪武二十九年左遷崑山典史勤愼明敏無滯

馬文炯紹興山陰人由福建興化府學教授陞河南扶溝令陞權刑部郎中遷通政使司經歷永五年來知縣事介然有守視民如子政令嚴明奸豪屛跡未終考卒民思之若所生焉

羅永年字延齡順天宛平人初授鴻臚寺序班陞南京北城副兵馬宣德中来知縣事爲政不苑不拘民賴之以境内馬鞍山童捐俸買栢徧植于上歲久欝茂人呼爲郎官栢縉紳多爲詩美之

鄭達字叔通湖廣襄陽人初授陝西盩厔知縣景泰五年遷崑山甫下車有捕盜千户不法首劾去

之重學校恤孤老表章孝節愛民如子歲飢輒勸粟賑給自奉清儉門無私請公退惟圖書自娛在縣二年卒士民咸哀思之

朱冕字士章嘉興人正統初爲崑山儒學教諭爲人剛毅方正其教先嚴立條約示必守諸生朝夕升堂衣冠步趨不整亦不貸學舍中每夜向闌伊吾聲猶相屬冕或秉炬加門與語以察勤惰季考月試期不少爽品第悉當久之諸生化服數載間士取高科者相踵後布列中外皆以材稱尋[illegible]海衛學教授致仕自號鹵菴學者稱爲鹵菴先生

詳具葉文莊公所爲墓表見文志

金華蘭山人正統初爲崑山丞承委勘災傷田華
至鄉見百姓貧苦終日流涕不食曰吾豈能順上
官風旨重貽民患哉田禾雖間有可望者纔十分
一二耳若作全熟何以辦秋徵乎同僚或爲之慮
曰脫有罪華自任之竟以荒白是歲得准災民不
告飢鄉無盜賊華之力也及卒民思之

唐素字豫叔京山人成化初來知縣事下車即芟
奸剔弊人畏其嚴明獄訟頓息任至歷陞廣西按
察僉事

楊謐字文寧儀封人成化己丑進士初知崑山縣明敏有爲廢墜修舉利澤及人者多去猶思之仕至兵部右侍郎

余鐵字懋器臨海人少以文學名登乙未科謝遷榜進士外補爲崑山令寬厚簡靜不尚苛察遇事能爲民任怨在崑幾五年公過凡四十餘俸恒不給久之下安上信薦剡交入遂擢監察御史去之日行李蕭然其清操不愧古人矣惜乎大用未究而卒[illegible]崑

士民至今猶想慕之

## 流寓

### 唐

陸龜蒙字魯望元方七世孫賓虞之子少高放通
六經大義尤明春秋嘗舉進士不第從張博辟爲
蘇湖從事後居淞之甫里多所論撰雖幽憂疾憤
貲無十日計不少輟有田數百畝與江湖通嘗苦
飢躬勤畚鍤性嗜茶置園顧渚山下歲取租爲不
喜與流俗交雖造門不肯見每乗扁舟設蓬席賫
束書茶竈筆床釣具往来江湖自號江湖散人又號
天随子甫里先生自比涪翁漁父江上丈人後以

高士召不至李蔚盧携素與善及當國召拜左拾遺詔下而卒光化中贈右補闕有吳興日録松陵集笠澤叢書行於世

五代

孫漢英仕吳越爲崑山鎮防遏使因家焉

宋

唐煇字子明郡人寓居崑山以文章名於時登政和進士第紹興中爲諫官時盧知源知臨安府爲政乖謬煇論罷之官至禮部侍郎弟烽子壽並進士

王綯字唐公泰正懿王審琦之孫建炎己酉爲御史中丞自建康扈從至鎮江從容奏曰陳東以忠諫被誅此其鄉里上即命賙其家官其子後綯拜參知政事以和議不合求去御書霖雨思賢佐一聯賜之綯雖爲執政其家貧甚每以禄不及親自奉甚薄寓居薦嚴寺蕭然一室服食器用無異寒士天性仁孝賙恤姻族絶興七年薨年六十四薨前之二日書戊戌字示左右至是果然終資政殿大學士謚文恭綯所著有内外制奏議進讀等書若干卷子陔

張匯字朝宗其先濮州人文路公諸壽僑爲洛陽耆英會有龍圖閣直學士張壽即匯之祖也匯當南渡初五爲浙漕時宰臣開督府分道遣兵詔匯隨軍應副不限以路匯歷江淮歸浙建臺玉峯因家焉嘗卿棘寺以刑清得詔有体好生之德行寬大之書等語後游歷麾節終於中大夫直寶文閣由是子孫爲崑山人

劉必成字與謀其先福安人來居崑山之盜浦必成少遊國學即馳僑聲嘉熙中七士同叩閽極言時事必成實爲之倡是年七士俱預計偕而必成

爲武舉解元明年遂魁天下淳祐元年復中瑣廳
蓋以文武全才自負也嘗兩入閤輪對慷慨言邊
事上深褒美次日宣諭宰執曰必成所言極好後
皆行之歷知潯州卒官湖南安撫副使自號愛閑
翁有三分稾行於世

鄭億年開封人華原郡王居中官至資政殿大學
士子臨朝議大夫知廣德皆僑居通德坊

王邁字德遠安吉人依妻家以居登乾道進士第
終太平州通判子圭字居玉以父邁來贅因家焉
邁卒圭幼煢貧力學孝於其母登嘉定進士第擬

陽薄陛爲令講術經界井井有條專令板繪其式
制行於天下爲經界者準則徙知常州屢蒙陛賞
入爲司封郎官終朝散大夫自號靜觀有文集十
卷其居官廉謹家無餘資死無以斂子敏學孫學
偲以圭蔭歷仕亦以廉謹聞
趙監字孺文丞相忠簡公鼎之孫范端明之彔以
女兄妻之因家崑山後終知興国軍子綝
陳宗召字景南本福清人因贅而居登淳熙進士
第終禮部尚書三子貴謙祕閣脩撰康熙尚左郎
官貴誼慶元進士參知政事謚曰文定

龔猗汴人殿中侍御史扈從高宗南渡道經崑山員義折銀杏一株插地祝曰若此枝得活吾於是居其枝長茂後成大樹繁枝繆屈臃腫如癭如乳者凡七十餘顆相傳爲其子孫嗣世之數時人異之稱爲龔過仙樹子孫遂爲崑山人

樂備字順之一字功成本淮海人寓居崑山以詩文鳴於時登紹興進士仕至軍器監簿與范成大馬先覺共結詩社

劉過字改之吉州泰和人尚氣喜飲酒高視一世恒以功名自期長於談兵爲文章豪放英傑如登多

景樓詩有中原在望莫登樓之句讀日使又興感又有斗酒彘肩風雨渡江豈不快哉等詞至今膾炙人口他如叩閽一書請光宗過宮詞意剴切中外所推許自號龍洲道人時故人潘友文宰崑山過客其所遂娶婦而家焉既死無子貧不能葬友文又與主簿趙希琳共出私錢買地馬鞍山東葬之并祠於東齋之側陳止安誌其墓每歲三月邑令丞率士人又祭之所著有龍洲集其詩文大畧并歷代名賢題詠又詳見邑士沈愚懷賢錄

教閱孫字器之本長樂人贅居崑山登慶元進士

第官奉議郎僉判泉州自號臞庵以詩名於時而
復以詩得罪於朝然詩益高名益重

易斗南號蓮峯廬陵人登宋咸淳進士第爲平江
常熟尉攝警崑山因家焉子儒字成大號蕪山幼
失怙恃負氣績學能自卓立既強仕困於無貲即
試吏平江冉調嘉興三擢浙省幕官率職無怠後
以從仕郎吉水州判官致仕居閑置散惟以禮法
繩子孫議論古今接朋友喜爲歌詩人稱爲蕪山
先生

元

俞君登字泰卿福州長樂人早孤毋黄氏親授以書宋亡隱居太倉自號知止子累徵不起延祐中卒門人私謚曰貞節先生子焯字元明泰定四年進士推恩贈君登從仕郎崑山州判官

王應甫字夢聲號古川先生其先嚴州分水人宋司諫王縉之後咸淳間登進士第授迪功郎祕書省檢閱致仕至元復起任崑山州儒學正因家焉于時兵燹之餘學校頹圮夢聲始至捐己貲力爲經營自殿堂而下鼎鼎一新尊其講教居多歷年

既久人尚稱之

孔淵宣聖五十三代孫其六世祖端越爲宋顯武
大夫随高宗南渡至淵父之敬旦知通州監税淵
由通之崇明又徙家崑山延祐元年州治廷太倉
新作學宫多所經畫遂攝學事其學行脩治爲士
林所宗虢莘野先生子克讓亦有文行克世其業

趙璧其先睢陽虞城人宋觀文殿學士吏部尚書
上柱國天水郡開国公贈太子少師謚康靖槩之
十世孫也壁以經明行脩授崑山州儒學正其[illegible]
孫遂家崑山人焉

夏迪字君啓吉安人元季方冦之亂以海道萬户
爲行軍經歷統衆至崑山太祖革命遂托以玉峯
山水之佳贅婚焉結屋讀書詩酒自適嘗自詠曰
一劍江湖已十秋中原無復舊西周便應抱膝崑
丘下冐冒人間兒女羞其志節可尚矣卒年八十
餘號樂道先生
盛德瑞字祥父其先江陰人少孤鞠於祖母稍長
受學於鄉先生陸子方既冠徙居崑山以周易教
授閭里至正中聘入郡庠爲訓導歷事七年教諭
之績紀于學徒既而遯居田野遊心玄微與時消

息著易辨五卷

鄭東字季明平陽人號杲齋寓崑山天分絶人嘗矻矻窮經再踐場屋不合主司程度遂棄去遊浙河左右大肆其力於古文久之思如湧泉歐陽玄奇其材欲薦爲尉會疾卒不果弟采字季亮性狷介州里不能容因東客崑山乃就東李未幾下筆爲文皆有矩度然剛毅忤物面斥人不善竟以坎壈終太史宋濂評東之文氣韵雄沉如老將師挫旌旗火皷繽紛交錯咸歸節度采之文規製峻整如齊魯大儒衣冠儼然出言不煩曲盡情意君子以爲知

言楊譓字復祥浦城人歸東溪與秦玉同時博學有才行專工著述有宋耆龜録崑山縣誌行于世

戴彧字季文世爲常熟人生於冨家篤志力學工詩文值元季兵亂徙家崑山與會稽楊維禎永嘉鄭東淮海秦約鴈門文質河南陸仁輩遊有藏集一卷

陸仁字良貴本河南人寓崑山明經好古文其詩學有祖法清雋奇偉如弗郎國進天馬頌水仙廟迎送神辭度黄河望神京諸篇縉紳先生莫不稱道其翰墨法歐楷章草皆洒然可觀

國朝

陳潛夫字振祖本錢塘人徙居崑山性端方善訓
迪聲華甲於士林洪武六年爲邑庠訓導後陞國子
學正登其門者多成偉器潛夫著述甚多散軼無
傳　號松谷道人世居
林鍾字仲鏞淞江華亭人學問該博善詩文洪武
中辟爲崑山縣儒學訓導因家焉後陞湖廣[illegible][illegible]
宜[illegible]慈利縣知縣時峒蠻爭雄鍾[illegible]肩輿入峒諭
以禍福遂相率從化永樂初擢吏部考功司郎中拜
山東布政司參政時孔廟頹圯親督工葺之暇則
擇孔氏子弟授以經史所著有松谷集[illegible][illegible][illegible]

○盧昭字伯郰閩人寓居婁東父鈞華善於教子鄉薦以爲楷式昭從明師學舉子業經史百家靡不探究長於詩文所作皆有法度縉紳先生咸器重之洪武初起爲揚州教授

趙先中字克和其先開封人元至正間任平江路市舶提舉因家崑山洪武七年任刑部員外郎廷太理評事子英○廣州府知事

崑山志卷八

文林郎監察御史邑人顧　潜　編輯

封建

吳

婁侯張昭今縣東北有婁縣村

唐

吳國公蔚遲敬德今縣北有蔚州村

宋

崑山縣開國子范之柔

崑山縣開國男衛涇

鄭準

鄭竦

顔度

吴郡開國侯范成大今縣東南有石湖書院

名臣

唐

張鎰字季權一字公度国子祭酒後胤五世孫也父齊丘朔方節度使鎰以蔭授左衛兵曹參軍郭子儀表爲元帥判官累遷殿中侍御史乾元初華原令盧樅得罪鎰按驗樅當免官有司承風以死論鎰不直之乃白母曰默則負官言則爲太夫人憂敢問所安母曰兒毋累於道吾所安遂執正其罪樅得流鎰貶撫州司户參軍徙晋陵令江西觀察使張鎬表爲判官廷屯田員外郎居母喪以

孝聞大曆初出爲濠州刺史政條清簡延經術士
講教生徒比去州升明經者四十人李靈耀反于
汳鎰團閱鄉兵嚴繄有詔褒美時有司條天下牧
守課績惟信州蕭定常州蕭復及鎰爲理行第一
十二年以最迁壽州十四年去官民爲立石頌德
歷江西河中觀察使不閱旬改汴滑節度使建中
二年拜中書侍郎同平章事郭子儀壻太僕卿趙
縱爲奴告下御史劾治而奴留内侍省鎰奏奴不
可告主悖慢成風漸不可長明年以兩河用兵鎰
奏減堂飡錢及百官稟俸三分一以助用度盧杞

忌謚剛直歆擠之時朱泚以盧龍卒戍鳳翔帝擇
人以代杞曰鳳翔將校班秩素高非宰相信臣不
可鎮撫帝顧鎰曰文武兼資內外重望無易卿者
乃以爲鳳翔節度使帝幸奉天鎰鞶家貲將自獻
行在營將李楚琳嘗事朱泚夜率其黨作亂遂遇
害詔贈太子太傅大中初圖形凌烟閣鎰所撰有五經
微旨十四卷孟子音義三卷史臣曰鎰暴忠王室
爲奸賊所乘以殁其身躬可殞而名與岱嵩等矣

宋

龔識字默甫給事中慎儀之子登端拱進士第祥

符閤翰林學士李宗諤薦擢監察御史殿中侍御史兼左巡使本朝襲唐制御史不專言職至是始擇學術醇正操履端方可紀綱朝廷者俾入臺言事識始被選宋朝吴士登科者始於識今府學先達題名以識爲首識之後徙居黄姑猶藏其登科時金花牓貼子

郟亶字正夫崑山太倉農家子自幼知讀書識度不凡嘉祐二年進士初授睦州團練推官知杭州於潛縣未赴熙寧三年會詔天下陳理財首頁興利除害之策亶自廣東安撫司機宜文字爲書陳

蘇州水利丞相王安石善之五年授司農寺丞提
舉興脩兩浙水利民不爲便遂罷歸治所居之西
水田曰大泗瀼者如所陳之説爲圩岸溝澮塲圃
倶用井田之制歳入甚厚圖狀以獻且以明前法
非苟然者復爲司農寺薄廷丞預條本寺制式頒
䟽究審除江東轉運判官元祐初入爲大府丞出
知温州以比部郎中召未至卒年六十六有吳門
水利書四卷行于世亶子僑見隱逸
王葆字彥光祖申以學行推于鄉王荆公奉詔視
水利至縣首上謁焉父億樂道好善贈右中散大

動

夫祿幼有志識弱冠通諸經縣人自孫載後甲子一周祿始上進士第鄉邑榮之紹興改元上疏陳十弊皆深中時病末以儲嗣爲請語尤切直至謂仁宗時中外無事海宇晏然而范鎮等爲国遠計汲汲在此况當今日國步多艱人心易遷強虜未靖群盗陸梁天下之勢危若綴旒而甲觀之崇未聞流慶中外惴恐此爲甚急臣願陛下爲宗社無彊之計廣求宗室中仁明孝友時論所歸者歷試諸事以繫人心執政讀而奇之遂自麗水簿遷知宜興縣兩淮用兵淅亦盗起邑當孔道寮吏懼之

軍興相次駭竄葆白父母食君禄無愛死理弟可終養母以葆爲念也明日取丞簿印兼佩之諸將妄求輒面折力拒乃稍稍自戢歷監登聞檢院宗正寺丞遷司封郎官兼國子司業秦檜嘗語葆曰檜欵告老如何葆曰此事不當問葆檜曰他人不敢言以公有直氣故問尔葆曰果欵告老不問親讐擇可任國家之事者使居相位誠天下生民之福檜默然當時百司莫敢可否事葆爲考功御史獨伸滯直枉當官不避天子議置相人懷向背葆獨介然持正論出知廣徳軍移守漢州綏善鉏姦

境内大治蜀人謡云廣漢南隆清彊天子嘉之擢瀘南安撫使知瀘州引用名士劾去貪残吏数輩然後鎮以無事逾年遷池州孝宗召爲大理少卿以疾辭道改淅東提點刑獄屢行帥事疾悪弥厲權要皆不樂乃請祠歸宜興以桐鄉之愛遂終老焉官至左朝請大夫葆學行俱至潜心古道教誘後生如親子弟沙随程迥嘗受經學於葆出其門者後多成立歸称鄉先生其學深於春秋著集傳十五卷備論二卷東宮講議三卷行於世保於人物監裁尤精侍御史李衡布衣流落一見以女

丞相周必大初中第葆妻以女

而…歸之

參政范成大吾孤廢業孫喩勉切至加以詰責留之席下程課甚嚴三人者後竟爲名臣世服其知人弟萬進士子嘉言監南嶽廟嘉賓知餘干縣

李衡字彥平其先江都人高祖昭素侍御史曾祖誥祖處約父預至衡始居崑山少博學有局幹爲文操筆立就紹興十五年進士授吴江主簿部使者恬勢侵民衡不忍以敲朴迎合即投劾去二十三年除仙居丞隆興初知溧陽縣爲治強敏專以誠意化民稅賦以期日榜縣門鄉無吏迹而取辦先他邑金人寇淮堧官沿江者多送其孥於内地

衡獨自淛右逡家入縣民心大安在官四年民不
犯重罪安撫汪澈運使韓元吉列上治狀召對殿
中陳便民十事詔進一秩除知温州未行拜監察
御史遇事敢言無所顧避出知婺州以循良著稱
召爲司封郎中遷樞密院檢詳加直祕閣屢上書
引年除祕閣脩撰致仕孝宗思其樸忠詔落致仕拜
侍御史固辭不獲差同知貢舉得士爲多時論稱
其明允會外戚張說以節度使簽書樞密時給事
中莫濟不書敕直學士周必大不草制衡與右正
言王希呂上疏力諫不當以母后肺腑掌兵柄逆

争逸時遷衡起居郎衡曰進而負君孰若退而合義章五上除知台州復力辭上知不可奪使仍以祕閣脩撰致仕四人同時去國布衣莊治作四賢詩以紀之衡歸居崑山圓明野墅日與門人講觧經義娓娓無倦聚書踰萬卷名其室曰樂庵自號樂安吏學者称爲樂庵先生淳熙五年卒年七十九（宣和間入太學同舍生徐人趙孝孫勸衡）衡熟讀論語且曰學非記誦詞章所以學聖賢耳不可有絲毫僞孝孫之父顔子實師程叔子衡心佩其訓故雖博涉群書而以論語爲主本講學明道樂於教人自中年後絶欲清脩唯二蒼頭給

事臨沒沐浴冠櫛作手書數十留別親舊仍戒其子使賙急恤孤不得飾僧奉佛復問天色何時荅以月明脩然而逝周必大聞之曰此老平生跌蕩到此乃得力可敬可羨又曰彥平非逃儒入釋者而臨終超然如此殆聞道乎所著書有易說論語說易義海撮要樂庵文集和寒山拾得詩揔若干卷行於世子應祥起宗相繼登第
范成大字至能父雩宣和進士終秘書郎成大登紹興進士第歷官參知政事贈太師謚文穆晚居吳縣石湖號石湖先生嘗仗節使虜虜伏穹廬不

起成大袖出私書切責之其所負不凡類此餘見
国史及神道碑行狀甚詳有石湖大全集吴郡志
刋于郡庠
顔度字魯子兖国公五十三世孫自唐魯公真卿
兄子顒爲常熟令其後遂爲吴人度居崑山以文
章政事名一時登紹興國學進士第歷通州海門
簿台州臨海令有去思乾道五年知長興縣遇事
慈恕以善悪福應之説諭人人不忍欺其聽訟能
於淳樸中時出智計以得其實聞者稱爲神明一
日某王自寍國入朝舟次縣界皆以婦女挽纖王

悭問之皆云知縣顔佛子愛惜民力縱男子耕種卒難召集恐累顔公故婦女悉當其役洎入對孝宗問卿治郡得人乎即以度對未幾召拜監察御史遷軍器監司農宗正大常少卿權工部侍郎直寶文閣江東福建運副知湖州江東京西運副以中大夫祕閣脩撰提舉冲祐觀封長洲縣開國男卒七十五度與朱熹友善孝宗謂度每出一言不動如山因以如山自號云

趙繼字君善丞相忠簡公鼎之曾孫知興國軍監之子嘉泰進士嘉定間爲常州教授作亭丨表卿

忠公墓歷宗正丞都官郎中理宗歆用爲諫官有之者黙知　州不赴丐祠而歸以朝散大夫直宝章閣致仕扁其居曰頓菴自號如舟清修寡慾室無媵妾讀書至老不倦而謙恭退然藏書萬卷手自較讐未死數年前嘗自誌其墓死前一夕尚領賓客論文是夜洞瀉次早翛然而逝子序孫勤俱世其美

范之柔字叔剛仲淹五世孫將作簿純之曾孫贈中奉大夫公武之子自郡徙崑山乾道八年進士嘉定初拜監察御史告詞有我今得譽有祖風烈

之語歷右正言左司諫起居中書二舍人刑禮二部尚書太子詹事封崑山縣開國子之柔奉親事君一以文正爲法知止畏盈每有退處山林之志最後累章乞骸骨　諭宰臣曰爲朕勉留將大用之以通議大夫禮部尚書致仕卒贈特進開府謚明殿學士謚清憲[illegible][illegible][illegible]子克家盜家奉議郎宅在致和塘北東西數百步舊有石刻范府界三字衞涇字清叔其先齊人唐末避亂南遷居秀州之華亭祖閎始占籍崑山之石浦父季敏通判鎮江府涇少有異操從永嘉季去智學季卒爲制服執

衮人咸義之淳熙十一年孝宗擢浧進士第一比
唱名御筆殿試上三名歆其政事可特與添差
遣仍釐務授浧承事郎添差鎮東軍簽判浧以對
策嘗陳添差之敝三上表乞待次上以浧力踐所
言知重始進特從其請故事狀元初任番滿必通
謝于宰執始領名命時王淮秉政浧不通謝雖被
名三月不得引見十四年除秘書省正字輪對言
陛下即位之初銳意事功不次而用將相痛懲而
圖恢復二十六年之久無一事足以少稱陛下意
者而陛下大有爲之志亦少弛矣一祖八宗之業

太上皇付託之重子孫億萬年之基緒陛下一身
任之豈可僅取苟安無事而遂已耶庸常之才持
禄保身而風俗日壞士氣日卑民生日困臣恐天
下之患将有出於意慮之外者事機易失時不再
來願陛下堅自殭之志振綱紀以張国勢作氣節
以厲媮墮則静可以强根本運可以復土殭而事
功立矣光宗初立政尚脩謹涇著作佐郎賜對言
今日風俗頹靡百度縱弛人材削弱国勢未張汲
汲有爲尚恐不濟若猶因循其弊将至於不可爲
矣又言中國之與北虜其勢决不能兩立名爲和

好實則仇敵名爲息兵實則觀釁復讎之本直須時耳今以偏方之勢與虜持久自紹興以来五十年無大戰自隆興以来三十年無小鬪虜酋新立血氣方剛間隙之生遠不過五六年耳願陛下奮發英断規恢遠圖卧薪嘗膽不忘北鄉聖志先定然後與二三重臣講求大計委任而責成之内治外備則大讐可復中興可期矣又言自陛下踐祚臺諫給舍多不得其職今日士氣向衰風釆銷落陛下所當長養振作而反陰銷潛沮之将使羣臣上懼陛下之威命下虞羣小之中傷苟且成風諂諛

充位脫有大姦臣惡誰爲陛下言者紹興元年遷
著作郎兼司封郎官二年正月震雷雨雹大雪繼
作淫應詔上封事言雷陽也雪陰也陽氣方升而陰
制之此雪所以降也以象類而求則臣欺於君妻
陵於夫夷狄謀中國小人害君子皆陰勝陽之證
也有一于此皆能致亂陛下不可不預防也時僥
倖漸肆李后悍妒故淫以爲言出爲淛東淮東兩
路提舉慶元初召爲尚右郎官上殿論壽康孝養
禮曠以爲太上之於陛下親父子也天性之愛血
氣之屬慈孝之心宜無毫髮疑間雖太上疾勢未

平語言舉動若未容於進見者然陛下孝心純篤豈以吾親之不可見而遂已乎臣聞參天地贊化育曰誠而已金石之無情鬼神之至幽猶以誠而能動矧人子之事親誠極其至焉有不能感通者乎惟陛下毓業于中以親之未順爲憂以期於見親爲念積此誠意庶幾太上之歡心可得而喜付託之得人矣三年以起居舍人假工部尚書使金國還言虜有危亡之兆而吾無自治之策使吾治具畢張備禦無闕敵雖强不足畏苟媮安歲月僅了目前一弱虜滅一强敵生猶未足以爲喜也初

涇之往寍宗諭使覘国而屬蒙古所攻我有乘釁之意涇深懼其輕動故還奏如此除直煥章閣知慶元府沿海制置使以言者論罷是時權姦用事涇不為勢怵斥去十年不調於里中闢西園取范文正公格言名其堂曰後樂開禧元年得旨入朝明年除中書舍人兼直學士院應詔論北伐非計不聽三年自吏部尚書拜御史中丞請誅姦臣韓侂胄論罷右丞相陳自強拜參知政事封崑山縣開國伯嘉定初兼太子賓客始侂胄之誅涇功居多既又患史彌遠有專恣之漸曰欲去之彌遠為

景獻舊學知涇謀諷御史劾罷之五年知潭州八年知隆興府上以涇三世同居有堂曰友順御書二大字太子亦爲書後樂堂牓賜之九年知楊州十七年除資政殿學士金紫光禄大夫致仕進封吴郡開国公寳慶三年卒理宗輟朝一日特贈太師追封秦国公賜謚文節涇歴仕三朝出入内外四十餘年憂國忘家始終一節而謀深慮遠不徼近功其進退之際與時升降嘗語人曰官職自有分定名誼千古不磨故其在朝孤立自守不畏強禦以賢才爲立國之基薦進搜舉汲汲如不及如

李燔輔廣倪思韓皆其人也涇在潭時與朱熹有交承之好侂胄指熹爲僞學斥之侂胄既死涇奏召熹還朝而熹已卒復移文新安取熹諸經四書傳註刊刻以傳又請爲右文殿修撰張栻賜謚其表章正學之力多矣涇別號後樂居士所著文章五十卷曰後樂集弟湜見文苑

鄭準字器先本開封人華原郡王之諸孫祖父皆寓居崑山準由蔭補魁銓闈登慶元進士第歷仕袁州終於中奉大夫準生長王侯家氣象如儒素薄於功名厚於道義輕財好客赴人之急如己事

尤加意撫族髣髴范文正公義莊之意買田給贍
至其子孫仍之不替子端守高郵自試吏至典藩
所至以廉稱姪竦嘗知泰邵韶三縣以奉直大夫
奉祠里居尤謙和樂易不與物忤未嘗見其疾声
遽色人稱爲吉人年八袠餘諸子俱俊敏能官

國朝

盧熊字公武觀之子也有學行精於六書爲時名
儒洪武八年膺秀才舉初除吳縣學教諭陞工部
照磨以能書授中書舍人轉奉訓大夫知兗州事
治尚和平政多遺愛所著有説文字原章句幽憂

集清溪集鹿城隱居集蓬窩集蘇州志五十卷充
州志若干卷永熙見薦舉
朱吉字季寧其先睢陽人元鎮東儒學提舉德潤
子〔吉幼喪母值勝國之季兵戈擾攘獨奉提舉以周旋患難張士誠僞定吳中進士爭歎弄辰者干升斗之祿惟吉避地崑山龍門〕洪武中始以學行薦于〔授鉄〕
朝擢戶科給事中時糧長稽遠勘合皆坐死籍沒其
家吉憫之爲言勘合雖違而稅糧已足罪宜減死
上可其奏悉宥之又胡藍逆黨誅戮殆盡猶有濫及
善良者吉率諸給事奏其冤妄
上喜翌日宣諭廷臣深加獎美自是禁絕告言者後
轉中書舍人尋除侍書授湖廣按察司僉事鞫疑

獄伸究滯時譽翕然
太宗文皇帝登極復除中書舍人受
命題
太祖高皇帝神主眷賞特厚年八十一而卒所著有
三畏齋藁子定安泰安見舉人永安見隱逸
王永和字用節號梧竹世爲崑山人大父允吉父
子禎永和生有神異讀書日記千言訓導林鐘等素
名知人以公輔期之[illegible]文德[illegible][illegible]公視爲樂[illegible][illegible][illegible]
[illegible][illegible][illegible]無永樂甲午科鄉試中式将赴禮闈未行
忽感奇夢[illegible]明年會試以太母及母在堂就乙榜初授

嚴州府學訓導改饒州饒學大成殿敝□志修葺
太守難之□毅然曰公不見里巷孺子始就外傳
猶知尊禮夫子豈有爲郡主發身科第而反不知
本耶秩滿試吏部□在首□少師蹇義深器重之
尋陞兵科給事中務持大体畧細故遇事敢言指
揮馬順阿黨權倖論因多以喜怒爲出入□上疏
劾其罪嘗奉
命閱視江右財賦綽著聲績持節
行冊封
韓王世子妃禮有中官蹇傲□糾正之陞都給事
中刑部缺侍郎大臣以□及刑科郭瑾應選□曰

郭歷任久吾義不當獨先衆愈賢其不競明年陞
工部右侍郎方營建
宫殿及諸司廨署役煩政殷□處之裕如淮右旱
蝗命□巡撫興革利病歲則大稔河決于汴潰而
東流徐吕二洪水涸妨漕運特命治理在淮揚時
遇大風雨潮溢漂没沿江諸沙死者千餘人永和
親爲存恤開倉賑給取浮尸瘞之即具奏省徭役
蠲逋負全活者甚衆正統己巳秋從
英宗北狩至土木死難贈資善大夫工部尚書
□嚞字宏廓威儀莊重且博學强記爲詩文清麗

條鶴有集若干卷子五汝賢以公蔭官大理評事

汝霖見進士

虞祥字仲禎其先崑山太倉人祖樂閑元海道萬

户父茂祥自幼穎敏未冠充郡庠生問學不倦永

樂辛卯領鄉薦明年會試中乙榜授訓導金華郡

庠歲滿陞上虞教諭兩學生荷其誨者咸駿駿有

造就宣德乙未以選除禮科給事中未幾陞掌科

事京城有寺僧造佛廬踰度祥特奏毁之置僧于

法尋陞通政使司左參議兩持節爲副使冊封親

藩咸称簡畀正統癸亥進户部右侍郎又改兵部

授嘉議大夫甲子春
廵視幾甸民瘼民賴以安己丑歲九月十七日卒
訃
聞命官諭祭營塟祭酒李時勉銘其墓子震見隱逸
葉盛字與中天資穎異自少博學强記同邑張和
見其文歡游邑庠遂舉進士授兵科給事中毅然
以言責自任四年
英皇北狩盛率同列劾將臣扈從者失律敗事請誅
夷之以謝天下然後選將練兵以復不共戴天之
讎如此則天綱正大義明而

聖駕之旋可期矣聞者壯之十月京城戒嚴四三
日間凡七八疏悉合機宜十一月陞都給事中時
邊境未寧大臣有奏留邊將守京師者盛言今日
之事邊關爲急宜急遣固守宣府居庸爲便已而
河南陳州流民窃動特命往視威惠並行民用安
輯元年春還京盛當多事之秋遇事輒形于疏每
疏不下百千言大要以扶忠直抑姦佞恤生民禦
外患爲主成遷山西布政司右參政協贊獨石等
處軍務至即列其利害可興革者爲八條以進次
第罷行之又請官銀五買牛千餘頭摘戍卒不任

戰者俾事耕稼歲課餘粮于官凡軍中買馬除器
勞功恤貧諸費皆取給七年冬以外艱去八城之
人如失父母天順二年
英宗驛召至京面加奬諭擢都察院右僉都御史
巡撫两廣乞終制不允至廣興利革弊尤盡厥心
八年陞左僉都御史巡撫宣府脩復官牛官田之
法色堡廢缺者力脩築之不數月完七百餘所民
恃以無恐成化三年陞禮部右侍郎五年改吏部
九年轉左侍郎自入佐部政每議禮用人從容贊
決其間僚長敬信司屬悅服其事非部分而關當

時利害繫生民休戚者遇諸卿必相辨正助益良多

甲午三月八日卒于位

上聞深悼惜之賜謚文莊遣官諭祭營葬盛爲人

温雅簡重崇道誼尚名節言動思跂古人公退手

不釋卷考古辨疑殆忘寢食平生爲文師歐陽而

功業自期於韓范惜乎大用未究而卒所著有涇東稿

水東日記西垣奏草等集孫夔淇以盛廕入國子

監

按察使王
英父曾有
封贈否乞
命李傑士
一查如有、当
直接寫夏伯
亮之後

封贈

國朝

顧浩以子禮貴封福建都轉運使

夏伯亮以子景貴贈太常寺少卿

王孚敬以子英貴贈監察御史

衛士安以子靖貴贈中書舍人

虞茂以子祥貴贈通政司左參議

王允吉以孫永和貴贈工部右侍郎

吳公式以子凱貴贈禮部主事

王子禎以子永和貴累贈工部右侍郎

沈丙以子餘慶貴贈禮部主事

龔思齊以子理貴贈工部郎中

葉明以孫盛貴贈吏部左侍郎

沈方以子訥貴贈大理寺評事又見隱逸

夏善長以子遂貴贈禮部主事

黃鐸以子琨貴贈光祿署丞

張用禮以子和貴贈刑部郎中

封兵科都給[illegible]事中

葉春以子盛貴贈吏部左侍郎

項敏以子聰貴贈監察御史

孫宗[illegible]以子禮貴封刑部郎中又見歲貢

沈明以子祥貴封工部主事

張烜以子鞠貴封仙居知縣

瞿剴以子泰安貴封刑部主事

陸晟以子鈛貴封翰林院編修

陸裕以子容貴贈兵部郎中
[redacted]
朱能以子紳貴封兵部郎中
高霄以子敞貴累封順天府丞
吳鼎以子瑞貴贈吏部主事
支棊以子琮貴贈[redacted]衛經歷
許瓚以子翀貴贈羽林衛經歷
秦恭以子瓛貴[redacted]封刑部主事
王翰以子儁貴贈工部主事
虞震以子臣貴封兵部主事又見隱逸
管昌以子琪貴封中書舍人
朱夏以子文貴贈監察御史又見隱逸
戚恩以子洪貴[redacted]封刑部主事贈郎中
毛昇以子陸貴贈翰林院修撰
[redacted]
顧宜之以子潛[redacted]貴[redacted]封監察御史

張紳以子汝舟貴贈同知

王詰以子秩貴封知縣

崑山志卷八

崐山志卷九

文林郎監察御史邑人顧　潛　編輯

文學

晋

陸機字士衡吴大司馬抗之子身長七尺其聲如鍾少有異才文章冠世以祖父世爲將相有大勲於江表深慨孫皓舉而棄之論權皓得失併述其祖父功業作辨亡論大康末與弟雲入洛張華素重其名一見如舊識曰伐吴之役利獲二俊機嘗繫廷尉感成都王穎全濟之恩又見朝廷屢有

變難謂顗必能康隆晉室遂委身焉顗以機參大
将軍事表爲平原内史太安初顗與河間王顒起
兵討長沙王乂假機後将軍河北大都督統諸軍
二十餘萬始臨戎而牙旗折意甚惡之與長沙王
乂軍戰於鹿苑機軍大敗時宦人孟玖弟超與機
不恊超宣言於衆曰陸機将反又遺書與玖言機
持兩端及戰超不受機節度領兵獨進而沒玖疑
機殺之譛機於穎穎怒遂遇害時年四十三二子
蔚夏亦同被害機天才秀逸辭藻宏麗張華嘗謂
之曰人爲文常恨才少而子更患其多葛洪稱其

文猶玄圃積玉無非夜光五河吐流泉原如一其
弘麗妍贍英銳飄逸亦一代之絶乎
陸雲字士龍六歲能屬文性清正有才理少與兄
機齊名雖文章不及而持論過之號曰二陸吳平
入洛以公府掾爲太子舍人出補浚儀令下不能
欺市無二價人有見殺者主名不立雲錄其妻而
無所問十餘日遣出密令人踵之謂曰其去不十
里當有男子候之與語便縛來既而果然問之具
服云與妻通共殺其夫由是一縣稱爲神明機之
敗也幷收雲成都王穎官屬江統蔡克等上疏救

之頡惻然有宥雲色孟玫扶頡入趣令殺雲時年四十二所著文章三百四十九篇又新書十篇並行於世弟耽爲平東祭酒亦有清譽與雲同遇害

唐

張後胤字嗣宗祖僧紹梁零陵太守父沖陳國子博士後胤甫冠以學行稱其家唐高祖鎮太原引爲客以經授秦王義寧初爲齊王文學封新野縣公武德中擢員外散騎侍郎賜宅一區太宗即位進燕王諮議帝嘗問隋運將終得天下者何姓荅曰公家德業天下係心若順天而動自河以北指

撝可定然後長驅関右帝業可成至是自陳所言乃賜燕月池帝令群臣以春秋鼎難帝曰朕昔受大誼于君今尚記之後亂頓首曰陛下乃生知臣叨天功爲己力罪也帝大悅還燕王府司馬出爲睦州刺史乞骸骨帝見其疆力問欲何官因陳謝不敏帝曰朕從卿授經卿從朕求官何所疑亂後頓首顧得國子祭酒授之還散騎常侍永徽中致仕加金紫光禄大夫朝朔望禄賜防閣如舊卒年八十三贈禮部尚書謚曰康陪葬昭陵孫齊丘歷監察御史朔方節度使兼都留守謚貞獻曾孫鎰

宋

龔况字濬之程子學術文章俱出人右時同列列
知名者惟况與蘇元老時歸龔蘇終祠部員外郎
朝議大夫自號起隱子所著有起隱集
遑惇德字公辨本開封人樞密直學士肅之四世
孫高祖仕吳遂家崐山惇德孤幼至孝貧不廢禮
才思敏給以詩文名一時嘗與范石湖唱酬有敢
向詩壇挑老將之句五中鄉舉就奏名年踰六十
即致仕郡縣上其行義特改通直郎所著有脂膏
子五十卷子濟字志寧早孤鞠於諸兄篤志好脩

閭里称爲吉人
吴仁傑字斗南一字南英其先洛陽人居崐山父
信脩武郎仁傑博洽淫史有俊才講學朱子之門
登淳熙進士第歷羅田令國子學録自號蠹隱以門
詩文名一時所著古易十二卷两漢刋誤補遺十
卷禘祫綿蕞書三卷周易圖説樂舞新書廟制及
言郊祀贊説鹽石論丙丁各二卷集古易尚書洪
範辨圖陶淵明杜子美年譜各一卷皆行於世弟
仁○子槱參知政事
衛湜字正叔涇弟好古博學中鎖廳除太常寺丞

将作少監皆不赴所集禮記諸家傳記一百六十
卷名曰禮記集說寶慶三年上之終朝散大夫直
寶謨閣知袁州學者称櫟齋先生
元
范國儁字彥中號近山文正公九世孫早遊庠序
卓異等爰延祐二年集賢院大學士潘昂霄薦于
朝曰范某蔚爲令器見謂通才德行可以淑人文
章可以垂後觀其學術不墜家聲當今國家需賢
有若而人誠宜録用國監考校所業中程擬於山
長學正内區用始文正公葬洛陽自靖康之後道

路阻絶者幾二百五十餘年逮元至大己酉追思
祖宗自吳詣洛展拜墓下凡道途遠近風物異同
皆形諸吟咏號詣洛集
衛培字寧深宋文節公涇之曾孫[illegible]性端恪博通
經史前代典故無不知延祐七年郡府以培充
貢龍虎榜賦文不起草人謂有楊馬才時雖被黜
識者推之知州王安貞聘訓導[illegible]州學號月山先生
所著文十卷[illegible]曰過耳集同時有李季高者[illegible]知何
許[illegible]亦以文學稱號蓉月
朱德潤字澤民宋兵部郎中貫九世孫自幼讀書

一過輒能記比壯攻詩文徃〻見称於人得許道亭畫試加塗抹遂臻其妙延祐末遊燕京吳興趙孟頫薦于仁宗召見命為編脩明年英宗嗣位授鎮東儒學提舉以歸若康里巎子山四明袁伯長皆友善至正十一年浙省平章辟爲參謀補益軍政居多後攝守長興[illegible][illegible][illegible]離辭以病免故太史虞集題其文曰澤民文章典雅而理致甚明獨惜以畫掩其名然識者不厭其多能也所著有存復齋藁詳見御史周伯琦墓銘載文志

郭翼字羲仲世居崑山少從衛培遊篤學攻詩尤

遂於易與俗寡合竟以訓導老於鄉校號野翁會稽楊維禎嘗爲之傳所著詩文曰林外野言事詳見墓志

姚文奐字子章崑山人聰敏好學過目即成誦博涉經史縉紳先生極加推重辟浙東帥閫掾雖公事旁午不廢吟咏把酒論詩意氣豁如家有書聲齋野航亭自號婁東生

國朝

秦約字文仲玉之子也貫穿經史沉潛百家辨疑精奧能詩文洪武初授崇德州學教授後復以丘

園徵辟以母老不起隱居鄉里自號淮海道人所著有文集若干卷崇明志十五卷

項篤字叔馭博涉經史精於春秋尤攻詩文洪武初擢禮部郎中調廣東政治廉平有聲於時

楊性字夷中博聞强記早從鉄崖楊維禎遊才思敏贍超出行輩楊嘗以小鉄呼之嘗搆一亭扁曰草玄日鼓琴觴詠其中若將終身洪武中由秀才舉授奉訓大夫知保定祁州事以疾終

殷奎字孝伯一字孝章又自祖徙崑山少從楊維禎遊篤志古學於六經無不考尤邃禮春秋爲文

懌

章落落有奇氣有司屢聘訓導儒學邑中裒續紀功立祠表墓繫名教者皆奎所建白洪武庚戌擢郡縣職力辭不就遂調咸陽教諭有陳情詩云曾因才短固辭官還得前時苜蓿盤病骨支離懸倚席客懷牢落強戴冠慈闈老去家貧甚先隴年来水嚙殘聖主深仁恩例在額推餘潤到荒寒恒以母老不獲就養鬱鬱不懌竟卒于官盧熊謂其處家爲孝子飭身爲名士典教爲良師陳潛夫謂其學術出處死生可謂瑩然無瑕者也門人私謚曰文懿先生所著道統圖緒家祭儀崑山志咸陽志閔中名

勝集陝西圖經婁曲集藁支離藁浦城窠藁總若
干卷弟基字孝揚文章學行與兄齊名官至太平
府推官
袁華字子英穎悟超卓讀書三二過輒記誦不失
紬經繹史考察百氏[redacted]傳無比善詩章樂府爲楊
鐵崖推重隱居教授自號耕學[redacted]
俞燦字茂本自以美風姿有俊才從殷奎陳潛夫
遊浔傳春秋之學洪武初選入國學授承勅郎陞
通政使司參議官至吏部尚書
陳則字文度洪武七年由秀才舉任應天府治中

轉户部侍郎左遷大同府同知○陞知本府則與高
啓徐賁輩爲倡和友其賦菊紫詩云惟有魏花顏
色似春風秋露不相同一時傳爲絶唱遂以陳紫
菊所著詩散帙僅存百篇

盧儒字爲已熈孫以薦授中書舍人儒博學能文
善筆札學文韓柳書法歐顏自負甚高或請其文
藳儒曰吾有腹藳耳亦嘗被顧問○一日○上命作
雪賦諸公未即就儒信筆成之所著文曰重齋藳

史謹字公謹世居婁早從昆陵倪瓚郡人高啓遊
博學好古工詩什善丹青甫冠從軍滇陽洪武末

翰林學士王景薦其才授應天府推官未幾左遷
湘陰丞後以事罷官僑居金陵自號吳門埜樵年
七十餘以老疾終有獨醉亭詩集行於世
偶桓字武孟落魄不覊家於桃源涇日肆情於詩
酒所著有江雨軒集醉吟録鳳臺吟嘯集洪武二
十四年應秀才舉爲荊門州吏目罷職歸老于家
年八十二而終
王賁字貞之深性凝重文章學行爲名公所推許初
任武康訓導歷官翰林檢討有菊菴易齋集若干
卷

隱逸

唐

史德義咸寧初隱居虎丘山以琴書自適或騎牛帶瓢出入郊郭東京號爲逸人高宗聞其名赴洛陽尋稱疾歸公卿皆賦詩餞别德義亦以詩留贈其文甚佳天授初江南宣勞使周興表薦則天徵赴都詔曰蘇州隱士史德義志尚虛玄素履貞恪謙冲彰於里閈孝友表于閨庭固辭徵辟長往嚴陵之灘多謝襟裾高蹈愚公之谷風操可知啓沃攸貯特宜優奬委以諫曹可授諫議大夫後以

朝散大夫放歸丘壑

陶峴者晋徵士淵明之後也開元中居崑山富有田業擇不欺者悉付以家事峴徧游江湖往往數年不歸見其子孫成人初不辯名字峴文學可以經濟自謂踈脫不謀宦達生知八音撰樂録八章以定其得失自制三舟備極堅巧一以自載一置賓客一貯飲饌客有孟彦深孟雲卿焦遂各置僕妾共載峴有女樂一部奏清商曲逢佳山水必窮其勝名聞朝廷經過郡邑靡不招延峴不肯来自謂麋鹿野人非王公上客亦有不召而自詣者吳

越之士歸水僊素墓謝康樂之為人云終樂死山水浪迹三十餘年又遊襄陽西塞歸老於吳

宋

郏僑字子高亶之子負才挺特從王安石學以詩投謁云十里松陰蔣子山暮烟收盡梵宫寬夜深更向紫薇宿坐久始知凡骨寒一泒石泉流沆瀣数聲霜竹顫琅玕大鵬况有摶風便還許鷦鷯附羽翰爲安石器許鄉里推重謂之郏長官晚歲自號凝和子有幼成集

龔昱字立道明之子也有文學安貧樂道鄉人稱

爲龔山長然名不逮才識者惜之所居曰栖賢堂
陸游劉過皆爲賦詩
范良遂初名之傳字次卿卜築崑山之車塘放情
山水不慕榮利長於歌詩兄之雖浸貴視之泊如也
自號墨莊居士有詩集十卷官承務郎子慶家通
判建康府
元
盧觀字彥達其先龍興武寧人五世祖來平江徙
居崑山祖鑑字明叔工詞賦鄉舉待補進士父有
常字元吉以隱約終觀自少穎悟刻志於學嘗受

業於鄉先生湯彌昌錢重鼒之門學問該博見道分明既卒業客游江淮間名卿鉅人多欵薦舉之者觀力辭之隱居教授接人弗以貴賤異或妄以非理加之怡然不與較曲直其人慙謝待之如初平居事親盡孝勇於為義暮年得風羸疾猶手不釋卷吟哦諷詠咀嚅道真凡經史禮樂百氏之書下至卜筮醫方小說多細書成帙蓋樂而不厭初不以貧病而輒廢也益勉飭子孫以讀書修行既卒門人弟子私謚曰叀孝先生所著有易集圖詩集說草翠軒文稿樂府聲調集總若干卷二子熊

熙

俞日強字伯莊其先由福之古田人父與可號藍溪先生爲武夷書院山長來居崑山日強篤志於學淹貫經史奉母以孝聞號淵默叟有文集行於世

秦玉字德卿其先由鹽城徙居崇明世以衣冠文物重於鄉里曾祖祖皆宋太學上舍生父庚從方蛟峯學隱德不仕弃徙婁東家焉玉早孤即能卓立夐然不群刻志苦學母顧氏織紝以供其費既長博通諸經尤邃於詩不求仕進授徒講學二十

餘年天性孝友事母與兄無違禮事大小悉禀而
行母有疾湯藥必親嘗累旬不解帶母卒哀泣至
血終喪不沐浴不鹽醋人以爲難嘗署其讀書之
室曰迂瀾所著有詩經纂例大學中庸探説宋三
朝摘要齋居雜録并詩文若干卷卒年五十三門
人私謚曰孝友先生又見孝友子約見文學
顧輝字仲瑛一名阿瑛世本四姓之舊性警敏善
記憶輕財好義崇禮師儒才贍思捷笑語間輒成
篇章與一時聞人張翥李孝光楊維禎張伯雨輩
游嘗萃諸公唱和詩十卷名草堂雅集自號金粟

道人所著有玉山璞稿若干卷至大間聘會稽教諭不就至正十七年淮兵屯吳欲辟用遂謝絶塵事漁釣五湖三泖間自放終身

顧權字伯衡世爲徽之婺源人其父達卿始入吳遂爲崑山人初達卿與雲峯胡先生同里閈心敬慕之期有子當使爲士及生權見其端重岐嶷欽意教督之稍長敏力學業不以祁寒溽暑少輟博習群書尤究心于易隱居以教授里中里中子弟多從之游時人莫不善其父之能教也權爲人不事矜飾喜賦詩酌酒恒頹然自放然其交際恭遜久而

益謹中年刻意爲文章有古作者矩度雖一字未當不爲苟且其志亦欲以是少見於世遭時喪亂竟窮於無所就而死年不滿五十無子男昆弟族人爲主後知州偰傒斯教授桊基爲營葬具窆焉鞍山之北麓啟奎銘其墓其故舊門人咸痛其有德而無後也相與私謚曰靜夷先生

張師賢字希顏世業儒好古博雅善談論喜作樂府所居曰芝蘭室

全至善字伯明居[illegible][illegible]澱湖之陽脩德樂施老而益力于學教導鄉里多所成材自號菊逸老人有

菊逸集若干卷

馬馨字公振世居婁東其祖歷兵始遷松門之南鍾巷里築室鑿池有田園花木之趣左經右史遇佳客徃來則觴詠不輟與世泊如也楊鐵崖深器重之称爲忘年友有醉漁集若干卷

國朝

王履字安道婁東人幼篤志於學博極群書教授鄉里爲後進楷式又善醫藥丹青從金華朱彥修游得其心傳所著有傷寒三百九十七法辯百病鉤玄二十卷醫韻統一百卷其他論辯莫可殫紀皆

發先賢所未發者子伯承克武其業永樂中以醫道鳴于兩京後卒圖嗣盡以其祕傳諸壻沈仲實云仲實號松岩有士行

易恒字久成居崐山之大泗瀼祖蓮峯先生來進士有風格恒[illegible]成克濼勵蹈其矩範家貧或不給用處之泰然闢地數百弓引泉藝花竹名曰泗園日詠歌其間視聲利泊然無所動其中自號泗園叟所著有陶情集

呂誠字敬夫爲婁東巨族性慎密少力學淹貫經史尤長於詩於世利淡然無所預所居有園圃山

林之勝嘗畜一鶴復有一鶴自來爲伍因築來鶴
亭邑令婁聘爲訓導不就卒老于鄉
盧充賴字次農睢州同知熙[redacted]之子[redacted]
號耕學有可傳集工詩文[redacted]書[redacted]法顏柳
謙精篆隸嘗用薦至京師將授官以
劭騐世父熊死非罪抱骸骨歸葬高隱山林絕口
不言仕事號竹泉
王明善字復初號棋玉性剄介隱居授徒教律嚴
謹時城內外遠至百里聞其風負笈而來從者千
人一經訓厲咸有成立卒年七十有六
范能字仲能淞南人少從毘陵謝應芳遊精醫善

吟尤工法書永樂初以薦被徵至郡以母老辭郡從其志日以詩酒自娛所著有淞南集年八十餘

龔詡大章號鈍庵給事中詧之子隱居近郊無故不入城郭清脩力學不慕世利淡然有古君子之風尤明於醫鄉里有貧病者輙予善藥療之不復計直正統間周文襄公撫巡吳中一時智慮未周處置微失詡上書指陳其弊辭甚剴切公悉納之其材識不羣如此惜老于丘園無以自見所著有野古集卒年八十有八鄉人私謚曰安節先生

鄭壬有林宋華原郡王居中十世孫博學強記不

求仕進世精女科至壬益究心求治者户外屨常滿然於利無所計其居庭間植雙松人称雙松先生子文康見進士

沈方字孟舟號趣菴家世業醫清脩好學肆力詩書壯遊京師楊文定公贈之以文鉞称其賢嘗構隱居数椽積書千卷以訓子孫自題小像曰平生不近釋與老托身道誼吾儒門生寄死歸隨造化清風明月舊乾坤子四（愚魯貢訥）愚魯見後訥見進士

朱永安字士常中書舍人季寧少子嘗從翰林王（文靖公）汝玉遊博學工詩爲文專主性理又善真草書浮

晉人筆法一時名公若楊東里輩咸器重之争先推轂會感疾不果（平生於物無所嗜好惟古今書籍購蓄甚富暇則焚香鼓琴而已）所著有尚志齋藁子夏[redacted]見[redacted]後[redacted]

隱[redacted]

沈愚字通理號倥侗生崑世醫家愚博涉百氏以詩鳴吳下所著有筠籟集得唐人温厚和平之旨一時吟士宗之尤善行草曉音律詩餘樂府傳播人口嘗高宋劉龍洲行誼躬謁其墓顧瞻徘徊作詩歌弔之復立小傳并集其遺藁暨宋元名士詩文若干篇爲一帙題曰懷賢録子僎見本人

沈魯字誠學[redacted]讀書窮理爲古文閎博豪壯一

時大家貴族碑板之製多出其手所著有經制權畧五卷坐道論二卷雜文若干卷廿老岩壑號玄谷生子存見李人

孫俊字叔英其先華亭人後徙居崑山澱湖之陽[illegible]志德號映雪翁俊讀書尚友尤工於詩嘗從范淞南遊性敦朴不慕聲利晚別築草堂於磧溪之南日與鄉老二三輩觴詠其間自號南溪遯叟所著詩有南溪草堂集葉文莊公爲之序

朱璲字廷儀世居崑城之儒學坊父宗海有士行廷儀少力學尤精於易隱居授徒者三十餘年教

法嚴飭始終一致荷教者幾千人論者謂鄉塾師
道之立王樵玉後一人而已子旻見擧人孫栻見
進士

虞震字啓東別號常春散人兵部侍郎祥子性高
介侍郎卒無遺貲震僦屋以養母兵部尚書俞公
擧爲本部司務以親老辭毋卒居喪尤盡禮讀書
工詩自漢以下詩人[illegible]辨其体製工拙悉當其所作務
[illegible]關風教見時事乖謬輒譏刺不少避家有蔵書手
自勘校讎老兩眼摩挲亦無一日離書案間所著
有常春稿江湖小稿樗菴暇筆旅寓雜抄通數十

應繼
補後

卷藏於家子臣見進士

張潮字思信爲人嚴毅雅飭自幼嗜學尤精于書嘗應舉不偶遂弃去隱居授徒未嘗輕出邑大夫歲舉鄉飲一至城郭見者知敬性善飲每遇天日和美風月清佳與鄉老一二輩引觴衡茅間或論經史或談農桑悠然自得以壽考終焉子璐見歲貢

朱夏字日南士常子性重厚謹嚴不妄交際以家世業儒刻志勵行思繼前人嘗開塾授徒師範卓然甘於韋布不求仕進喜作詩兼工法書負氣尚

節不逐逐於時有祖父鳳子文孫希周並見進士

崑山志卷九

# 崑山誌卷十

文林郎監察御史邑人顧　潛　編輯

## 孝友

### 宋

陳振字震亨古靈陳先生襄之後父遵贅御史李衡女因家崑山遵死振幼貧無以葬得地圓明村卜者云不利長子振曰使親藏得寧或不宜於振二弟尚可主祭遂葬焉振天性至孝以禄不逮養刻木爲親像飯必祭鄉黨稱之

衛時敏與其弟季敏友愛甚篤後季敏子涇貴寧

宗御書友順堂扁賜之
曹椿年母病革椿年刲股療之知縣胡榮白于府
知府趙汝歷以事聞借補承信郎節制司準使仍
立孝感坊於其里時寶祐三年
周津善詞賦端平嘉熙中郡府兩舉待補進士性
介直好施予貧乏之資以粥藥棺櫝作輿梁浚井渠
人高其義父天驥有疾津刲股以療或以義諭之
津曰父母遺体豈宜毀傷然因所與者還以奉之
詎爲過耶津亦以壽終
馬友直字伯忠其先本司馬氏有名球者仕吳越

國以御史中丞為崑山鎮遏使因家焉後世止稱馬氏聚族居全吳鄉六直里以孝義著稱兄弟六人皆力田獨支直以儒業自奮入太學宣和水災全吳之田悉與江通弟兄皆狼狽營妻子支直獨迎其親徙邑中進賢里僦屋以居躬具菽水毋子晏如也侍郎唐煇御史王葆咸愛重之建炎二年以累舉得官主武康簿監南嶽廟以宣教郎致仕孫先覺紹興進士

龔明之字熙仲明之幼逮事祖母李李自言少嘗大病夢神告曰與汝七十七及期果病且革明之

齋心屛處夜禱于天乞減已五齡以益李壽灼香於頂者七聞腦中有爆裂聲亦不爲動詰旦李病良愈又五年乃卒宣和三年明之以諸生貢京師迎父母往已而母與弟繼亡去鄉數千里貧無以歸葬或使以旅殯僧舍否則火之以其燼歸明之毅然不從計其家所有自一錢之直皆折賣之不足又乞貸於人竟護二喪以歸先世墳墓在西山合抱之木數以鉅萬族人利其直悉斬而分之明之不能制獨泣且罵每伐一木仆明之輒號慟響震林谷聞者哀之姪女二俱幼孤明之養于家授徒

十餘年積錢帛爲資送之具皆得所歸
毛
瞿信字實夫自幼嗜學善持論平居整暇無卒聲
辟貌未嘗談人過惡朝夕食必男女異席衣冠非
就寢不去兄智出游四方信事親盡孝家雖貧恒
欣欣焉兄卒孤兒女數人信愛養之婚嫁一如已
子至正間台寇作信負母避寇青龍海上築室扁
曰閑野雖居隱約客嘗滿坐南臺御史李烈舉信
孝廉不應卒年五十六子度好學有文采洪武初知
臨洮府金縣

秦玉字德卿庚之子少孤刻志于學母顔氏織紝以供其費既長通經尤工於詩性孝友母嘗有疾藥必親嘗經旬不解帶及卒哀泣踰礼（隣有）火熾甚家人收其貲玉獨伏棺哀慟火遽自滅鄉人以爲孝感所致

國朝

殷孝連昆弟三人長孝章季孝揚洪武初孝章任咸陽縣學教諭卒于官孝連不忍其兄藁葬與弟謀曰母老吾弟宜朝夕奉養不可遠左右吾當往迎兄柩遂間關數千里扶舁以歸附葬祖塋時人

高其行爲畫歸柩圖及爲序以表之

范從文字復之洪武初以國學生擢戶總部主事以事謫戍南滇後以通經舉爲金華府學訓導其父原初任潮州府通判卒於官藁瘞胡盧山復之念父不得正丘首日夜憂思欲迁還故塋羈于戍弗果遂上書陳情

詔許之復之由是間關萬里至瘞所伏地號慟封土忽陷啓殯斂骸驟雨倏至環山滂沱獨不至其所實永樂五年五月也函骨歸祔先塋積陰沍浭弥旬不開及葬則天霽日暄葬畢復然人以爲孝感

所致後歷永州東安儒學教諭廷金卿訓導致仕
歸老于鄉年八十餘而終
梁昱字文輝万安主簿孟鏞之孫性端重初遊邑
庠時婚三日遭父喪遂寢苫不御酒肉終喪三年
未嘗廢礼後應舉至南京吏部尚書蕭山魏驥聞
其名往候□嗟咨良久[redacted]提學御
史孫昇甫其為賦詩□羨之有孝著江南第一人之句
徐協祥縣學生弘治〇〇年有司以孝
聞旌表其門閭

後有謝
氏沈慶
之妻考其
年月當在
閻氏前

貞節

國朝

陶[redacted]氏[redacted]三十保嚴華妻夫死時年三十二寡居終身春秋五十二洪武七年四月官爲旌表門閭

凌[redacted]氏[redacted]邑人范安三妻年二十二而夫亡依母居誓弗再醮年五十五其子真以狀聞洪武十六年二月官爲立牌旌表

李[redacted]氏[redacted]名惠水德之妻性貞靜自幼不妄言笑年十九而嫁二載而夫亡矣死弗貳鄉里爭聘者十數不爲變或勸曰汝年少無子老將何依節婦拒

曰夫者天也天可貳乎夫死無子命也汝亟去勿
汚我耳遂自經其兄子覺之奔救得不死後無敢
再議者洪武十年同籍之兄以事繫獄李當連坐
任事者以勢脅之曰若適人則可全李忿曰吾不
以危難棄禮義雖受萬死無悔上官高其行以
聞得護送還鄉于時家業已沒於官節婦依所親戚
屋寄居紡績縫紉以自給又食其兄子之孤女三
人洪武三十年隣里申嗚其行明年三月官爲立
牌旌表國子學録陳潛夫傳其事
許氏諱安崑世醫用衡之女年十八適士人蔣喆

不二載夫歿歿後僅兩月始生一子曰明許時方二十即屏絶膏沐釋去華美矢死不貳夙夜惟勤績紡以圖養姑父母欲奪其志見其自勵嚴謹遂不復言卒撫孤成立前後二十餘年貞白之操始終無罅隙議鄉邦稱之中書舍人盧儒序其事

沈氏邑人鄒麟妻年二十適麟洪武中麟没于陣沈即屏膏沐蓬首垢面矢死不貳志績紝自給不舍晝夜隣嫗或風其青年無子可更爲身計輙泫然垂涕曰移天而覬非望獨何心耶指所居室曰必死於此無佗事矣會夫家廢父母家亦甚貧不

能自存而志益堅確竟以哀毀成疾卒年二十有八

薛氏半山橋人父銀工嫁縣小吏卯某爲妻洪武初卯坐法當死送京師抵罪烈婦時年二十餘蒙垢莫能掩其麗將行押卒見而悅之謂卯曰若欲生致都下盍使事我否則促死無矣卯懼曰如命乃密呼烈婦語故烈婦曰吾身絜汙君不可復主無其佯應曰諾是日盛備酒饌飼卯至暮遂自經於粉閣中隣里觧其屍瘞之今塚在西滸瀆村彭氏菜園中即當時粉閣也事在國初湮沒既久天順八

年進士鄭文康得於九十表姑葉氏之言爲作傳
侍郎葉盛諭德陸釴皆爲文以表之
陸氏諱妙善邑民王佐妻陸年十七歸佐不數載
夫亡遂釋去華靡更日夜紡績以畜奉姑撫諸孤
咸至成立節操始終弗渝
陳氏邑民黄福安妻福安育于同里浦均茂家年
十八娶陳配之生子未朞夫病以卒均茂買棺斂
尸將以明日瘞之郊是夜陳携孤撫棺哭甚哀比
曉潛自經死時宣德四年某月日
潘氏諱妙真邑人徐孝妻年十七嫁孝逾年夫亡

潘即屏去華飾躬勤紡績矢死不忒年踰五十不
越外户鄉人稱之
黄氏邑人周瓊妻年十九嫁瓊不三載瓊卒遺一
女方旬月姑居氏患篤疾不能治黄挈孤女與居
同寢處早夜扶持湯藥必親嘗間即紡績穎手夫
越五載再瞽姑病果去體人以爲孝誠所致
鄭氏諱慶字宜君釆華原郡王居中十二世孫宜
君生長儒家端慎柔雅年十八歸邑庠生彭餘璋
朞而夫病弃朞而夫卒生一子甫周歲宜君號哭
抱持莫知所出三日成歛淚盡不能言直呼曰天

來尒偕我往四月潛自沉死時正統癸亥十月十
二日也年二十一有司以事聞
詔旌其門曰貞烈
龔氏諱貞進士張經妻年二十七而經亡矣秉操
奉姑教子孀居五十餘年皦然不滓子希賢以學
行稱[redacted]龔之訓也弘治間有司上其行
詔旌門曰貞節
朱氏諱端卿士人鄭友光妻鄭朱皆儒家其處室
素閑女訓年十六歸友光友光卒即以節自誓事
其姑徐盡孝能順適其心姑以高壽終既老所守

元

如一日弘治間鄉閭以其事聞知縣楊子器覈之
再得其實乃上於　朝旌其門爲貞節
夏氏名妙清太常卿仲昭之女刑部主事盧瑛妻
也瑛卒夏時年二十四奉寡孤撫懷抱子不出門
户人皆重之成化五年　詔旌表其門閭後以壽
終
謝氏崑民沈慶乙妻喪夫時年二十八孀居將終
身焉至正壬辰三月十三日海寇方谷珍剽掠沿
海女婦甚衆謝度其姿容不可免而寇進益急謂
曰河去舍遠吾不能赴河以全吾屍苟得全吾志

免吳遂因積薪縱火自焚火熾寇急人皆驚散莫能救寇退家人得其骨瘞之詳見陸釴所爲墓表載文志

吳氏邑民吳澤女嫁縣吏兵墟沈濬濬病危時鄭宜君方死節一時鄉人嘖嘖嘆賞吳默有所感後一月濬死子方十歲吳謂之曰吾不復撫汝矣及欽夫畢從客洗沐更衣自經後濬五月年二十九龔詡有詩見集詩類

黃氏名寧舉人鐸之女年十九適周瑄二年瑄以劬學致疾卒家甚貧寧矢志不貳姑病痿十餘年

不可舉動寧奉侍不倦百方求療罔効有老嫗謂寧曰我聞觀音大士願力甚大事之當得感應寧肖大士像晨夕[illegible]拜百凡五年忽夢大士曰汝以姑七日一掖坐以九次爲度汝姑痿可起也寧如其言行之姑果步履如平時邑之士夫下逮庸孺咸称歎以爲孝感所致縣令羅永年聞之遺米二十斛資其養焉太僕卿李應禎爲表其墓曰節孝

錢氏航湅涇祝某妻年廿六而祝卒餘六十而終煢然無玷天順間旌表其門業盛鄭文康偕往拜之

王氏名素湖涇農家子也年十四嫁里人朱佩越四年而夫亡父母憫其早寡無子潛以適人婦覺之遂自經死

鍾氏邑民陸安妻婚未幾安父以[redacted]罪[redacted]當大辟將[redacted]安[redacted]死焉訃至鍾遂經沈曾爲傳贊曰嗚呼夫死於孝婦死於貞可謂[redacted]行人[redacted]所不能行者矣

周氏名淋貞[redacted]縣學生楊洪妻洪累舉不第以疾卒時婦年二十九歲孑然居貧縫紉紡績以糊其口

而志操愈堅皎然無疵君子稱其苦節云
龔氏訓導諸敏妻幼有淑德不苟言笑年二十三
歸敏僅六年而敏死即甘淡泊躬勤績紝以供祭
祀撫孤女咸有所托勞苦三十餘年冰蘗之操不
渝年六十五而卒

## 藝能

宋

毛益畫院士工翎毛花竹尤能渲䟽似欲飛鳴有黄鸝出谷荷塘栁燕等畫傳于世益父松弟允升亦工花鳥獨益最知名焉

老戴亡其名學趙千里林木山水可追跡趙大亨世傳其名

元

陸德潤字仲德吳郡諸陸之裔也世居崑山德潤好陰陽星曆之學客江西得祕数益推極其說節殊

脉貫使不背於理學者是之然頗自閟匿不輕以語人爲人簡潔退然如無能者喜信義與人交久而益善

李簡字士廉本廬陵人僑居崑山操守端方文學優贍好古尚雅工詩尤通陰陽家學

周仲高精天文地理之學遊四方廣山大川觀陰陽之會徽休咎之符時方承平自錢塘来崑山曰天下兵且起吾卜地莫如婁善遂居焉已而錢塘燬於兵而崑山無恙人皆謂之崑山自縣衙及官寺神字凡若干所相方定位卜日揆辰皆出仲高

朱玉字均壁善繪事聞佳山水每翛然獨往數千里不以爲難永嘉王振鵬在仁宗朝以界畫稱旨玉從之遊得其技至順庚午奉中宮教金圖藏經佛像引首以進方不盈矩曲極其狀而意度横生不東於繩墨人言王君蓋不之過至正十五年清寧殿成勅吳與趙雍選善畫者畫其壁雍以玉聞遂遣使召之值道阻弗果上竟老于家所居有虹月楼楊維禎爲之記今孫曾光者衛姪若顥輩舉得所傳之祕世業有聲於時

朱尹文字文壁父祐海道千户尹文幼知向學[illegible]

去海道故習受知於左丞許公師敬舉為翰林
檢閲官學琴於秋山徐氏父子得其雅正之趣大
德間魯國長公主聞其名召至奏胡笳十八拍公
主憮然曰其音悽惋有故妻離子之悲何其感人
之深也顧左右賜以白金百两文後歸老於報本
寺益精六壬遁甲之術推測人休咎多奇中云
王時（字）景南慱學好古精於篆隸章草用意深寄氏
六書原委靡不擇究盧態嘗稱美之至正間卒
朱珪（字）伯盛篤學嗜古嘗從錢塘吳叡師授書法氏
三代以来金石刻辭靡不極意規倣又取宋王順

獻

[redacted]伯元吾衍趙孟頫諸家印譜旁詢傳取纂爲

凡例并吳獻等所書印[redacted]自製私印附焉名曰印

文集考凡若干卷又模吳[redacted]獻所爲字原表目一卷

珪爲人清淡寡慾五十不娶翛然有出塵之趣焉

永嘉李孝光清河張天雨會稽楊維禎昆陽鄭東

輩咸所嘉尚云

國朝

沈真字士怡所操簡淡不事華飾業精醫志在濟人

未嘗嗜利患傷寒難治因以仲景論爲主取李浩

者若正變類外之證意別本壺之目胪分其下爲傳名曰傷寒

或問郭雍補亡由漢迄今凡論傷寒會通吳下諸

醫謂其補仲景之未備其他襍證包羅剔抉方款
別類爲書未就而卒事備中書舍人盧儒所述行
實子方孟舟號趣庵清脩好學克世其業見隱逸
許律字用韶元醫學校諭矩仲方之長子得世傳之
秘凡人疾疾有不能療者必之用韶求治一經胗
視其死生如蓍龜弟度用衡量用廣俱克篤世
業
許諶字元孚其先鸞江人隨宋南渡因家太倉以從
鄉先生王安道遊安道爲朱彥脩高弟故諶博通
儒書深造醫道自號婁愚有詩文若干卷名野情

集謙無子盡以其學授壻閻浩巨源故巨源今亦
以能醫鳴
董仲儒與許用韶爲内外兄弟而醫之學同出於
一門仲儒淳質無僞脈藥甚精授本縣醫學訓科
子士源克世其業
徐奇字大同讀書善鑒卜祖伯與黃岩人元爲昆庠
學正遂家太倉長子發母病稽顙求代時称其孝
仲子牧嘉善教諭孫旦金山衛學訓導
范暹字啓東善畫花鳥永樂中入畫院博識有談
論館閣名公多重之老於京師人稱菁齋先生

屈礿字處誠善畫竹石得吳仲圭筆意夏太常後
一人而已亦善山水有深遠穠郁之趣云
周琥字德元善畫梅花草蟲尤工隸書
吳瓛字惟貢畫竹師夏太常亦知名于時

## 仙釋

### 梁

慧嚮吳興人姓懷氏天監十年由内寺歸省登馬鞍山有息焉之志因放錫禪坐於山脅石室間有二虎爲侍師方運籌思立精舍忽有神人現師之前曰願施千工以佐景福其夜風雷震吼林木號怒近山之人聞樸斲之聲翌旦而奇石矗疊廣階騈墄其方截如蓋山神之役鬼工也時縣宰上其事武帝命造慧聚寺師後駐揚子江心蝦蟇山示寂寺僧感其開山乃斲石像於所憩石室中至今

猶存

唐

道欽禪師圓明人姓朱母管氏夢蓮生户樞因生欽早從儒教年二十二遇素禪師謂之曰觀子神氣温粹真法寶也師感悟因求爲弟子素爲祝髮乃戒之曰汝乘流而行逢徑即止師遂南遊抵臨安見東北一山尋問樵者曰此徑山也乃駐錫焉唐大曆三年代宗召至闕下親加瞻禮一日同忠國師在内庭坐次見帝駕師起立帝曰師何以起師曰檀越何得向四威儀中見貧道帝悦謂國師

曰款錫欽師一名國師欣然奉詔乃賜號國一後
辭歸本山於貞元八年十二月示寂

宋

道川崑山翟氏子趍以勇力名爲縣弓手聞東
齋謙首座爲道俗演法往從之習坐不倦一日失
役遭笞忽於杖下大悟遂辭役依謙謙爲改名道
川且曰汝舊呼翟三今名道川川即三耳汝能堅
起脊梁了辦箇事其道如川之增若放倒依舊翟
三也建炎初圓頂徧遊江湖間道遇虎不爲動虎
亦馴伏其傍一日大書四句云我有一條鉄榔標

縱橫妙用無人識臨行撥轉上頭關轟起一聲春
霹靂危坐脫去有金剛般若頌行於世
四明二靈知和庵主崑山張氏子幼時嘗習坐垂
堂堂傾父母意其必死師瞑目自若因使出家年
滿得度趋謁泐潭潭見乃問做甚麼師擬對潭便
打復喝曰你喚做甚麼禪師驀領旨即曰禪無後
先波澄大海月印青天又問如何是道師曰紅塵
浩浩不用安排本無欠少潭然之後往二灵三十
年居無長物惟二虎侍其左右一日威於人師以
偈遣之宣和七年四月十二日趺坐而逝塑二虎

於像前至今存焉出傳燈録~~[illegible]~~

清化師全慧崑山人初參南湧塔問從何而來師
曰鄂州塔曰使君名甚麼師曰化下不敢相觸忤
曰此地道不畏師曰大丈夫何必相試塔囅然而
咲遂乃印可師因求出家學成自仰山還故國錢
忠獻王賜紫方袍師不受王改衲衣仍號純一禪
師曰吾非飾讓也慮後人倣吾而逞欲耳開寳四
年秋示寂大風摧震林木
無庵法禪師崑山陳氏子東齊道川和尚爲祝髮
乾道己丑七月二十五日將入寂衆求偈師瞪目
下視衆請益遂書無ヒ二字棄筆而逝火後設舍

利五色塔于金斗峯

易如剛宇仁甫饒州安仁人幼孤入龍虎山爲道

士後主茅山玉晨觀移主崇福慶元初召住三茅

壽寧觀授太一宮高□士遷左右街道録後爲崑山

普照觀開山住持寧宗御書觀額及止堂扁賜之

嘉定四年賜號通妙先生十四年復加葆真

王可交居吳淞江趙□村以耕釣爲業一日櫂舟

入江方擊楫高歌忽見彩舫漾於中流有道士七

人中有呼可交者須之不覺舟追舫側有呼可交

上舫者道士皆睨之一人□曰好骨相合仙生凡賤

聞已癸破矣一人於筵上令侍者傾酒飲之取
與二粟食之甘如飴命黄衣送上岸覓所乘舟不
可得但覺風水林木之聲開眼峯巒重疊松栢參
天乃在天台山瀑布寺前僧迎問之曰令早離家
蓋三月三日僧言九月九日已半年餘矣僧設食
可交厭聞食氣自後絶穀挈妻子住四明山不復
出令人時有見之者

元

衣和庵主蘇州崑山人也隱居雪竇之棲雲菴二
虎恒跨之以遊後徙二靈終焉初雪竇妙高峯左

千文巖巔有藤一枝蜿蜒其上下臨不測乃蟠結
成龕爲藏修之所故號棲雲大德丁未燬于盜更
二十年不克復虎乳其墟爲人害咸謂庵復而和
祠則虎禍其息至元丙子復其庵肖其像於是二
虎前伏餐滋飲和屈猛從仁不爲害和師在日有
四偈詠藤龕偈云竹筧西三升野水窓前五七片
閑雲老僧活計只如此留與人間作見聞十方世
界目前寬抛却雲庵過別山三事衲衣穿處補一
枝藜杖伴身閑黄皮褁骨一常僧壞衲蒙頭萬慮
澄年老懶能頻對客披蘿又上一崚嶒自從南嶽

来雪竇二十餘年不下山兩處住庵身已老更尋
幽谷養衰殘
慈照宗主子元號萬事休崑山茅氏子母柴氏夜
夢一佛入門次旦遂生因名佛来父母早亡投本
州延祥寺志通出家習誦法華經十九祝髮習止
觀禪法一日正定中聞鴉聲悟道嘗發誓言大地
人普覺妙道每以四字為定名之宗示道教人專
念弥陀同生淨土從此宗風大振師集彌陀節要
法舉百心論證道歌風月集行於世乾道二年三
月二十三日於鍍城倪普建宅告諸徒曰吾化緣

畢日當行矣至日果合掌辭衆奄然示寂荼毘塔于松江力市港吳覺昌宅勅諡最勝之塔

王惟一本栝蒼人自號景陽子從父官華亭因家焉嘗以儒術飾吏事已而棄吏從方外遊遇至人授以還丹九轉心領其要乃著景陽明道篇金丹樞要先天易賛祈禱問答行雷心傳道法精微凡六書晚年寓太倉樊涇嶽祠泰定丙寅正月三日自筆其遺事及偈畢端坐而逝顔貌如生火龕旣灰而灵骨挺然

國朝

常在號別峯本江陰陳氏子方晬值亂兵掠其境母携之避走驚惧墜水不能救次日兵見錦襁小兒浮水中舉取其襁而眎尚温餓頃遂甦異之乃攜歸邑民張勝乞爲養子遂冒張姓甫成童杭之集慶寺僧正純聞見受難事甚苦求爲徒張即捨之因名常在既長爲僧往天界寺謁曇公公見師貌偉而聲如鍾器之俾領綱維衆皆悅服洪武二十年補雞鳴寺住持久之

太祖高皇帝召僧録司官諭曰前住雞鳴寺僧有福着他住育王越数載玄教宏敷宗風遠揚座下弟子

罔不皈依永樂二年十月十三日無疾而化闍維五色舍利纍纍其弟子奉歸薦嚴寺藏焉

文琇號南石崑山李氏子出家邑之絡隆庵禮智興爲師嘗諮法要於虎丘行中行仁禪師得言外旨洪武間住郡之普門遷靈岩萬壽永樂七年住杭州之徑山

太子少師姚廣孝賀以詩云升堂妙闡第一義緇白圍繞如春熙諸天散花無路入老龍獻供伸鬚眉越四載退歸蘇之竹山松院永樂十六年九月二十四日無疾而逝有續傳燈録四會録行於世

辟朝陽字鳴鳳號洞玄沖靖廣道大真人先居龍虎山上清宮有齋糧田莊在崑山澱湖上因造觀堂遊息於此一旦召仙得薩真人降筆云玉堂侍御少思凡謫向人間九十三此去更能修大德青氈依舊列仙班洪武二年寓居　江報恩宮時年九十三矣沐浴整衣端坐題筆云儵然夢覺本非仙百歲何妨欠七年昨夜崑崙孤頂上一聲霹靂舊青天擲筆而逝

李德睿字士明號鶴瓢道人崑山人也幼穎悟有出塵之想父母以其不宜於俗捐愛出家於蘇之

寧真師禮趙中父習玄學及長爲道士凡三皇内
文九鼎丹法延齡衛生之術醮章煉度之書罔不
該博後從莊子正黄帝岐伯之書先賢治證之論
悉造其奥又遇樵人李清隱教以竇太師飛騰針
法由是以醫鳴而一時王公貴人下至韋布皆敬
慕而願見焉洪武癸巳年七十有二無疾而逝火
曆之日有祥光罩龕群鴉來儀縉紳士夫多以詩
文讚詠其行[redacted]則具見太子少師姚廣孝碑銘也

崑山志卷十

# 崐山志卷十一

文林郎監察御史邑人顧　潛　編輯

## 集文上

### 記三十

#### 崐山縣學記　梁肅

○學之制與政損益故學舉則道舉政汚則道汚崑吳東鄙之縣先是縣有文宣王廟堂之後有學室中年兵饑荐臻堂宇大壞方郡縣多故未遑繕完其後長民者或因而葺之以民尚未泰故講習之事設而未備大曆九年太原王綱以大理司直兼縣令既釋奠于廟退而嘆

曰夫化民成俗以學爲本是時不崇何政之爲乃諭三老主吏整庠民飾班事大啓室於廟垣之右聚五經于其間以邑人沈嗣宗躬饋經學俾爲傳士於是遐邇學徒或童或冠不名而至如歸市焉公聽治之暇則往教大猷以聳之傅考明德以翼之優而柔之使自求之揭而厲之使自趨之故民見德興行之於鄉黨洽於四境父篤其子兄勉其弟有不被儒服而行莫不恥焉僉曰公主設教嚮其末不墜其本易其俗不失其宜也傳曰本立而道生昔崔瑗有南陽文學志王粲有荊州文學志皆表儒訓以著不朽遂繼其流爲縣學記俾來者知我邑經藝文教之所以興

○崐山縣新脩文宣王廟記　王禹偁

夫聖人之生必受天命有位者天使之化民為一時也三五帝王之謂乎是以窮於旅臣終於陪臣非不幸也向使居帝王之位行堯舜之風則顔閔之科元凱之舉也兩觀之誅四凶之罪也自然道至而我無為化行而中人不知時之詩者必曰何力之有後之美者必曰無得而稱也雖流而為典謨形乎簡冊亦不過濬哲文明溫恭允塞而已豈復有祖述憲章之道流於後代乎故於生民以來未有如夫子者也秉筆之士安得輕議其德業歟吳之諸郡姑蘇稱其尊郡之屬邑崐山邑其

右雜以魚鹽之稱瀕于朝夕之池昔在皇唐是為名邑降及錢氏茲惟上腴距海之民斯阜矣然而庠序或缺儒素弗興實倉廪而禮節未知既富庶而教化不至為邑之長得無愧乎縣大夫邊公世為儒流時歸甲族自起家之調歷宰邑之資所在擢其能名儕類驚其久次大來之望未易知皇上嗣位之明年淮海王如京師且獻圖籍尊王室也主上思柔遠人精擇循吏銅墨之任尤難其才始得公以宰吳吳民受賜降璽書以勞之旌善政也秩滿受代將選于天官會茲邑有令尹之乏者二千石命公以承乏且叙政績聞諸冕旒未幾即真之

命免常調也公困民所利朞月而治以為人者教之本儒者教之先苟非師嚴而道尊烏可移風而易俗哉先是文宣王廟但有基址盡為蓁蕪廢而不脩六十年矣公乃出俸金以營之同僚悅隨群吏弗違乃庀工徒乃度材用一畝之宮園蔓而出之數仞之墻樹土而揭之殿堂既嚴門闕斯備麗以丹漆飾以圬墁制度合乎禮文力役當乎農隙乃像素王被華袞垂珠旒王者之制彰矣乃狀十哲冠章甫衣縫掖儒者之服備矣廟之興也既如彼像之設也又如此粤上丁之晨行釋奠之禮所以列籩豆陳簠簋潔牲牢具罍洗贄幣有數刀祝有

辭八音作而人賀三獻終而神悅禮無遺者道不虛行觀之如堵墻化之有影響俎豆之事脩矣禮樂之道興矣十室之邑期忠信以如丘一變之風闡詩書而及魯議者曰吳地裸國也崐山海隅也舊染霸俗未行儒風非明君以文德敷萬邦非賢宰以儒術化百里又安能尊先王之教移小國之風者哉禹偁幸忝德鄰熟聞異政爰旌茂績俾述斯文難言雖在於聖門不朽願列於貞石時大宋雍熙四年三月十九日將仕郎守太理評事知長洲縣事王禹偁撰

崐山縣重脩學記　張九成

通直郎知平江府崑山縣事程公沂詠之文簡公之曾
孫伊川先生之姪孫也紹興二十八年七月十二日作
書抵余曰所聞為政莫先於教化教化莫先於興學卑
陋不治甚不稱朝廷所以尊儒重道之意學門之外有
社壇齋廳掩蔽于前氣象不舒沂乃移於社壇之西闢
其門壇廣　十餘丈又以東隅建學外門週植桺增崇
殿堂齋廡彝鼎一新遇月旦則率縣官詣學請主學者
分講六經與諸生環坐堂上以聽為時知府事待制蔣
公名其堂曰致道并書學榜以寵賁之嗚乎可謂盛矣
又曰先生昔學于大儒其所見聞非俗儒比願以其所

聞者明告於我我將有以大之余曰吾老矣從抱末疾
舊學荒落顧何以副子之請雖然不可以虛辱也輙以
聞於師者以告左右左右其擇焉竊嘗以謂學者當以
孔子為師以孔子為師當以孔子為學孔子之學非謂
愽物洽聞絺章繪句　高自標直視四海為無人攘臂
而言曰吾仕宦致將相吾冨貴當歸故鄉吾當記三篋
於渡河賦萬言於倚馬此正俗儒之學孔子之學乃不
如是當熟誦孔子若聖與仁則吾豈敢之說子夏掬溜
播洒之說孟子徐行後長之說以求孔子之心可也是
謂孔子之學若乃學如馬融如陸淳愽如許敬宗文如

班固如栁子厚亦可矣而依梁冀而助武氏而事竇憲而附王叔文此吾儕之所羞道而孔子之罪人也詠之以為如何如其不然當明以教我

崐山縣重脩學記

范成象

皇朝在祖宗時郡國得置學官弟子員選賢以教者舉天下總五十有三所而蘇居其一為崐山實為蘇之邑其承休尚矣縣有學在西門之内雍熙中翰林王公嘗記素王廟文章煥爛豊碑屹如也政和中徽宗皇帝所書大成寶章雲漢昭回扁榜巋然也然並海之俗易趣利業儒者蓋寡異時以學入仕者越數十年旹一慰叙

寥耳齊魯之變不同風土之宜異也粤自化龍南渡乾旋坤轉萬靈駿奔海若波立蕩壅決塞百川理順由是此邦潮汐流通溝澮交會學之向背二水殆有灘渙之美焉自兹文物之興渤然士争以儒學自奮接屋連墻絃誦如市隨計公車束書橋門者率數倍他邑奉常賜第連大比不乏人近歲尤輩出歲時閭里盍簪至環席皆前進士昔所亡有也以篤近之效漸微俗力半而功倍也學更數政弗問弗遑日圮月摧風雨弗支乾道改元河陽李侯爲邦之二年也蒐慝剔弊無廢不興跡源導利專務以惠愛恤隱雖遇大畜其民弗疵邑且治唱

然謂同列曰百里古子男之國也命之教政以是出所以助王化使民嚮方者豈胥胥吏能冝稱哉况吾屬奉制書此道固先勸相矣如之何弗敬會有浮屠氏以貲殖自豐者非法官籍之貲以繕績田以頃計侯乃請郡額以貲治廢而田為供太守吏部沈公方以儒雅潤色為治嘉侯之意亟言上而從之侯躬揆度鳩工指授斧斤朽鏝趣事紛舉經營於良月之初朔一再告而閣宇崇成門闕沈如廊廡矗如級陛有序飛甍翼如橫經肆業有堂有舍像貌儼列器陳合仪凡所尊崇規模備具乃會邑之縉紳逢掖釋菜于先聖先師禮成弗懲萬目

交聳猗歟盛哉斯文之壯觀也成象依仁里居獲與榮觀侯以紀歲月請於不腆之文既辭弗獲竊謂古者四民一耕而三食之工商服勞食焉而無愧食功也士獨無所爲食之不唯無愧又加敬焉豈不有大功乎孟子曰無君子莫治野人無野人莫養君子俾三人者其作于于其食易易繄君子爲之本士之功顧不大矣哉亦有非古之民而食人之食其人已病矣又從而漁獵之如木之有蠹枝葉未害本必先撥爲治者常謹視而剔去之今李侯剔其蠹而培其本是眞知所以爲治者歟本固矣則英華之發又將增是邑文物之光不止誇衣

冠之盛於疇昔而已矣宜有魁壘豪傑之士出如吳前聞人一二鉅公以功名德業焜燿宇宙者今而後或見之毋怠其所自邑人皆曰昔鄭子產不毀鄉校三年人猶誦之今李侯之惠吾邦也如是吾之誦之矣侯三年李侯聞之以為不然一日晨入揖諸生而進之曰昔無廬今大廠居昔無以為養今有儲顧諸君朝於斯夕於斯議於斯誦於斯朝於斯夕於斯所以居爾業而謀爾躬也議於斯此余之所樂聞也誦於斯以俟後之来者君子以李侯為知言云故余喜而併書之李侯名結字次山左朝奉郎提舉荊湖南路常平茶鹽公事吳郡范

成象撰

○重脩縣學記　　莫子純

壯哉崑山之為縣也摽絶峻絶白石如玉沃野墳腴秔稻油油控江帶湖與海通波山川孕灵人物魁殊則所謂玉人生此山山六傳此名著於荊國文正公之詠豈徒踈榮於往躡抑亦延光於将来也洪惟我朝用儒立國考辟雍泮宮之制京師郡國皆立學餙祠廟以奉先聖闡黌宇以育多士崇稽古之洪道茂長世之善經由是文治勃興炳然與三代同風猶慮湛恩之未廣聲教之未洽也申命縣司更置學嚳先聖廟如郡國之制景

祐四年之詔也嘉猷四塞六合時雍沐浴膏澤潛潤德
教祁祁生徒濟濟儒術而崑山三十載其美焉藻掞天
庭考四海而有雋折瓊枝而継珮固衆芳之所在也日
引月長鮮克修事夏絃春誦家自為學先聖之居亦窘
風雨朝奉郎知縣事章君萬里大懼不任以隆教基授
模揆匠夙嚴神栖飾南端之特闢立應門之將將華觀
双邀采題相輝乃營新堂乃恢廊廡浚以玉甃繚以崇
垣眘未及修規遵王度是以經始勿亟成之不日庀工
於慶元五年六月而以八月畢之於顯新宫既閟且康
思歆復之而無斁申之而有裕也於是捐供給贏貲斥

圭租之羨貿易民田幾二頃括姦民隱占之田溢三頃
民之訟田法當沒入者復溢其二頃畇畇菑町既夷且
大俾其儲積供侍久而可繼也又為之新館舍之器用
潔祭祀之籩豆亦衣布之餘財而非重費于公也既壯
其室亦豐其儀躬率諸生行釋菜礼告奠于聖靈昭事
是肅敬謹威儀示民不佻煌煌乎茲文容之壯觀而王
制之巨麗也而後乃知流大宗之德馨咸在於此仁風
行而四達義方敷而遐鶩聲名布濩溢浹邑區菲言享
行陶化染學昭光振耀立事立功效當年之用以對前
脩之純淵則崕風穴水不特清越餘馨而已宜伐石以

志使邑道也不替於後章君以子純嘗參吳門之幕乃列其事來告俾書之六年三月既望宣教郎祕書省正字莫舒純謹記

○崑山縣學租田記　鄭準

縣有學學有廩教而養之上之加惠於士者厚矣故學校不修則春誦夏絃之習廢廩粟不繼則朝齏暮鹽之嘆興二者常相須而不可以闕一也吾鄉之學安於庳陋者垂百年嘉定辛巳知縣事丞君似修始撤而新之閎麗雄深十倍疇昔瑞守陳公寺丞嘗欲涉筆登載而弗果然是舉也役鉅而用繁故於學田未暇增溢經費

之外所餘亡幾何繇是食皷聲沉書燈熖熄朔旦則見
大夫率凡有職掌之士再拜于庭一揖于堂而退養既
不贍教安所施若是又十有餘年矣紹定辛卯户部郎
直祕閣鄒公被君相見知来牧吴郡公醇儒也其為政
似陽城其好善似樂克其興起學校似文翁粤自下車
未遑他務事關教養知無不為始于頖宫均逮屬邑捐
金殖產高下有差明年秋以二百萬錢俾邑士陳九臯
經理其事得積善等鄉良田六十九畝三角十四步歲
租八十九石九斗有奇賑故額幾稱晝以裨簞豆之費
夜以給膏油之需公之推廣上恩作成士類抑何詳且

悉也公之言曰吾之田非以不義而得也盖欲學得有義之租而人得有義之供也公於一政事一念慮之間舉不違乎義義之為用何如哉嗚呼一介不取諸人伊尹之義也萬鍾何加於我孟軻之義也伊尹孟軻出處雖異而所以為義則同士能充此不以窮達得喪亂其所為則亦何往而非義乎此公之盛心士之所當拳拳服膺者也而勿失一日學賓何亘直學陸震持郡符踵門而告曰新租之增為賜侈矣是宜刻石以壽其傳盍為我記之嗟夫道古今譽盛德文士之職也顧衰遲廢學詎能著文獨念丙辰叨末第實為父兄尚書公榜下

士又安敢以不文為辭抑聞之化民成俗學之所繇設也理財出辭義之所從出也是故養士而無其財則非所以為學取民而無其制則非所以為義今之所與共理者惟要途是趨惟捷徑是圖知已而已於學乎何有逞鞭朴之威急征歛之期知利而已於義乎何有飽鮮醉醲笑與秩終知自奉而已於養士乎何有其間崇儒向道畏清議而恤遊談騗稱留意學校者不為無人要亦不過裒科罰之貲括簿録之產僅僅為一州計則已有德色於屬邑乎何有公則不然寬以愛民而無纖芥之過取也儉以足用而無秋毫之妄費也好清淨而游

觀之弗事也薄滋味而廚傳之弗飾也故能因常富盈常產以培養士之基內而一州外而六邑廩無不我之粟學無不養之士峩冠愽帶日涵泳於恩波教雨之中公之有功於學校其可淺近論哉雖然飽食終日無所用心聖門之戒所深戒厥既養之矣則教之固不容緩也魯侯戾止在泮飲酒茲不曰養乎載色載■笑匪怒伊教茲不曰教乎既飲食之又載教之而使人有士君子之罡斯可矣夫豈徒餔啜哉昔昌黎韓愈有言莫為之先雖美而不彰莫為之後雖盛而不傳今賢俟置有義之租為有義之供以養屬邑之士而屬邑之士不能

日望下風奉承色咲則所謂教非賢宰之事歟宰家世三魁以儒術飾吏事必能招名師而為之訓師導裎秀士而為表率蔵脩遊息金鑄而玉成之美之彰於先者無窮而盛之傳於後者亦無窮矣他日公坐廟堂庇天下之士而其所施士縣庠序觀天子之光以行其所學則教養之功作成之效豈直一州六邑而已哉士乎士乎可不知所以自勉乎若夫名遂身榮志得意滿陳食前之方丈而弗念鼙盌之憂棄墻角之短檠而遽忘弦誦之樂是之謂徇利而違義非公之所望於士者也尚相與戒之

崑山州新學記　龔璛

延祐改元三月平江路崑山州移治於太倉詔天下科舉取士之初年也有司聿新而未有學朔望馳謁舊學非便是年冬相臺王侯安貞來守是州大懇無以作人材而承上意翊茲帶江控海商貨之區漕舟之津既庶且富莫先於教州之士平江路學道書院山長王大年處州路儒學教授杜熙直學陶公甫學賓陶正甫請各視其力相與成之不以煩公家度地治所之北遠去闤闠秀色踈達創大成殿傍翼兩廡前闢重門像先聖先師繪從祀諸賢又範尊爵罍洗具嚴廟制鳩工僝功費

彩矣侯曰止吾豈竭人力以樹風化哉州舊學豈不能偕廷于此顧鄉校不毁因之以贏諸生庶乎其並存也學嘗率鈔以修舊吾以修舊委米廪則以鈔起新學且以紓衆志而似助纏至講堂齋宇直舍儀門庖廪之屬次第完美通爲屋五十餘楹置養士田一十頃有畸士民競至膏腴源源而來未已於是稱爲一州之學始於二年四月迄于三年八月教授錫山陸介任職勤狀顛東求記璘以固陋弗獲詞謹按吴之初太伯端委以治周禮至於仲容乃從其俗春秋之世遂爲侵奪强黍之國郡縣以來漸效樂土極而國家休養之盛雖僻左亦

衝要漢史載海陵吳太倉江南亦有其地耶生聚走集當爲之謹庠序也久矣况於州之既迁刑政歸令所自出徵學則何所本耶夫二帝三王之傳開物成務之道建學立師獨爲儒者哉前代失其統明体適用者亦寡見謂迂闊舍此而他求常不足以立治敝而政圖往往復歸諸此盖君臣父子夫婦長幼朋友之倫仁義禮智之性斯道也所以直道而行也君子小人莫不有學本末先後乎實昭徹彼淺薄近似識不得而與矣皇上表四書而會六經不特九州之內也必使四海之外凡有血氣率由於義理之中明學術正人心建萬世之太平士

生斯時抑何幸也昔之士借曰未有以取之也取之矣士將何以待用乎取其文文浮於行不可也用其材材充其德可也古之學者爲己成己所以成物也人己之辨善利之分知此則科舉非利祿而設學校又豈飲食課試而已哉侯繇宰邑冣入郎省周行直清視邦選侯明治要望於吾黨甚厚噫嘻其亦興於仁讓矣乎工費田畝詳於別珉尚俾來者有考於斯

謝遷

崑山社稷壇記

項公澤

邑有社稷春祈秋報重農事也崑岡壇壝莽爲荒墟雞犬放焉過歲事則望拜於鄉校大成殿之戟門豈惟祀

非其所神弗克歆抑且背先聖先師焉前政嘗有意脩復惑扵陰陽拘忌之説而未果余竊謂爲宰者膺人民社稷之寄平土播穀神實司之民實賴之詎容不知報本之爲急務　迺即舊址而經營之砌築四壝創造齋室周以垣墉植以松栢幣有瘞所門有扃鐍其神位列扵齋堂其祭器寄扵邑庠至期取用焉典祀於是乎嚴維兹調邑營繕孔艱屢政憮視今幸肇成繼自今其以時整葺毋或因循　與宗祏相爲無疆故書以示来者

淳祐壬子中和節永嘉項公澤記

山圖記　　蓋嶼

慧聚二淛之名剎肇跡于梁天監中耆舊五傳昔者法
師慧嚮駐錫之地謀建塔廟力所未給精切誠至俄有
鬼神之助一夕雷電大作怒風惡雨明而視之宏基嶋
成殿之階是也觀其衆碨礧積嶔嶔在蒼厓崇岡之根
直踰引繩方邁截矩歘刷鑴鏤了無瘢痕隱隱隆隆頹
然似巨鼇之俯伏不欹不頗背負柱石碑巧窮秘信非
人力之可致是以自時厥後舄奕蟬聯月增日崇厎今
大備寺之疆境據崑玉之西北寶勢屹嶫依馬鞍山繚
繞而上高七百尺茂林脩竹松檜藤蘿之隙又有靈苗
佳卉珎褎秀蔓自紅自綠霜霰弗彫佛宇檜堂踈牖奕

快之處蔽紅陰而翳綠影者基布櫛比幾三千楹經書締構王
廼若隮躡烟霞偃仰風月軒堂亭榭臺閣樓觀往往横跨傑出旁峙挺立若鳥之翔若獸之蹲甚者架虛排空玲瓏縹緲層層疊疊銀碟金璧之相耀乍顯乍晦于翠雲紫靄之顛加以巨海處其左重湖居其右俯瞰松江之洶湧側視陽山之嶒峗朝化暮變供秀氣而借清光指掌之間四望百里真天下雄壯奇偉之觀然而姑蘇一隅地極僻側弗類乎杭之天竺瀾之金山當冠蓋之衝臨車航之會乃非凡之勝槩包藴停蓄止見于近未聞于遠量彼較此謂之不平適主寺僧法

全刻圖于石踴躍執筆從而道其始末庶或流派傳之四方且俾好事者燕坐几席彷彿乎登朱橋步碧砌審衆水環山想孤峰之擎峙必稱其洒落峻峭嵬一點埃壒之氣可以儔天竺儷金山並鶩而同馳靡分先後蓋亦揭善成美之志也雖然模之于畫述之于書寄象寓數特其糟粕殆有畫之書之莫窮莫盡之妙潛藏默諭于象數之表觀者自得斯圖也豈特誇詫是抬提而已耶因以見國家太平一百六十年之盛神功聖德格于上下覆護涵育無垠無涯故茲山邑水鄉幽閒荒陋之地尚克爾紺舍而集緇徒為民祈福有如是居有如是

景嗚呼休哉政和元年十一月旦日記

## 至和塘記

丘與權

吴城東闉距崑山縣七十里俗謂之崑山塘北納陽湖南吐松江由隄防之不立故風波相憑以馳突廢民田以瀦魚鱉其民病賦之侵蟊相從以逋徙姦人緣之以邀劫行旅通鹽賈以自利吏莫能禁父老相傳自唐至今三百餘年欲有營作而弗克也有宋至道二年陳令公之守蘇嘗與中貴人按行之邑人朱珏父子相繼論其事爲州縣者亦繼經度之皆以橫絕巨浸費用十數萬緡中議而沮皇祐中發運使許公建言蘇之田膏腴

而地下嘗苦水患乞置官司以畎淺之請令舒州通判殿中丞王安石先相視焉朝廷從之王君既至從縣吏拏荒梗浮傾沮訊其鄉人盡得其利害度長繩短順其故道施之圖繪疏曰請議如許公朝廷未之行也至和中令太守呂公既下車問民所疾愁苦盖有意於疏導矣明年與權爲崑山簿始陳五利一曰便舟楫二曰闢田野三曰復租賦四曰止盜賊五曰禁姦商其餘所濟非可以勝擬頗約故制役民以興作經費寡而售效速若不成請以身塞責即而令錢君復太守嘗念所以興利之計喜其謀之叶從於是列而上聞其副以決於益

司乃誠庸力經遠迹興也舍宿餼薪既成以授有司郡相元君賓總之粤十月甲午治役先設外防以遏上流立横埭以限之廼自下流浚而決焉畚鍤所至皆於平陸其始戒也猖風號霾迅雷甚雨廼用牲于神至癸巳夜半雨息逮明休霽以卒其役人皆以爲有相之者始計月餘蓋旬有九日而成深五尺廣六十尺用民力纔一十五萬六千工費民財若干貫米纔四千六百八十石爲橋梁五十二蒔揄柳五萬七千八百其貳河植菱蒲芡蕈稱隄計其入以爲脩完料民之餘治小虞自嚴村至于鰻鱺瀼治新洋江自朱瀝至于清水港治山塘

自南山至于東浚渚涇六十四浦四十四塘六於是陽城諸湖瀼皆通而及江田無洿瀦民不病涉矣初治河至維亭得古閘用柏合抱以爲楹葢古渠况今深數尺設閘者以限松江之潮勢耳耆舊莫能詳之嗚呼爲民者因循而至此乎是役也自城東走二十里曰任浦崑山治其東長洲治其西以俗名非便於是論請更之曰至和識年號也建亭曰乙未記歲功太守嘉其有成謂權實區區於其間其言必詳命之爲記嘉祐六年十二月立於乙未亭

重修崑山塘記

郟霖

至和塘自郡城東屬于崑山亘七十里北納陽湖南吐松江舊名崑山塘至和中調民興役始成故以年名詳見丘與權所記淳祐中魏峻復脩之

天一生水水行乎地中治之存乎人自排決疏瀹載於書於是五行以陳六府以脩厥後河渠溝洫皆有志所以著因革明利害非徒紀述而已吳為澤國三江所匯脉絡貫通為湖為浦為堰為梁皆順水性之宜以便人之居者行者自城之婁門至崑山七十二里塘曰至和南吐新洋江北納陽城湖又有沙湖鰻鱺湖介乎東西之間唯亭以東三十六里隸崑山三十六里隸長洲

支泒連亘㵎山湖吴淞江接顧逕黄泗浦以達于海自
駟馬橋至全童橋乃新洋江陽城湖两水交擊之會自
黄壥頭至夾潮塘凡七里民並河而居潮水往来於涅
舄塞考之畵誌厥初水勢澎湃㳫漫茫無畔岸行旅病
涉田夫病耕自唐歷本朝至和三百年間接續用力經
營始就水有所歸澤者瀦之淺者浚之岸以通乎衢堤
以捍其衢橋以續其斷塘成名至和紀以年也然自至
和以迄於今又二百五十年雖舊跡尚存柰何脩治之
功不加故狐鼠憑恃秉其乾涸攔截作埧遏有負載邀
阻亘出童潼生来非復由行之舊則不從新洋江出矣

淞江斜塘以至葑門必自明水港鰻鱺陽城二湖取蠡塘港以達婁門嗚呼艱矣哉颶風怒濤不惟有墊魚腹之憂陰霾蓄溢又有羅鴻經之懇方泉魏公峻以發運節領郡拔閱獄訟莫此爲甚開藩半載周詢民隱審所欵悪知其尤無良害民者乃遣官吏相度便宜復至和舊矩自界牌東至崑山駟馬橋凡二十七里計三千四百二十一丈三尺西至戴墟浦計九百五十四丈又自黄墓頭至夾潮塘七里計九百三十八丈五尺鑿淺通窒障狂植潰潮入於真義曹涇兩浦則捍之斷港無壅抬於季春而成於孟夏富民争出財以助王官無重費

不越四旬而竣事公又慮港汊紛錯盜夫潛影鹽賈借逕以萃淵藪又於脩葺之暇自涇橋至於陸涇港凡三十二處立栅三層防築堅固禁不踰越共闊一百六十丈六尺用椿木長短一萬一千七百四十根橫攔栅木五百八十八丈四尺是役也約前後工費出於民者不計出於官者錢二萬二千二百緡米一百二石有奇是皆增至和塘之未有興於農時人不爲病助以衆力人不爲擾可以想輿情之所共趨不以役我勞我也昔霖作邑嘉定詣府白事經從數矣目擊其害慨然欲爲厄於位卑而不能爲逮今將常平指職所當爲又奪於所

急而未暇爲儒公之敏於有爲而功成若無所爲尤人之所難能者昔主簿丘君與權之記此塘有五利使舟楫闢田野復租賦止盜賊禁姦商非虛語也自非有賢侯相望後先果熟任其責耶以時計之前乎有塘以至至和後乎至和以至於今人免乎登涉之險其間皆可考而知也夫因利致利者不可無憂民之憂者未嘗乏何其歷年之久曾不見耶庸詎知智及之仁不能守之勇不足以行之天下事功之不立豈但一塘之利而已哉愧余之未能幸有如吾志故書之以示來者云朝散郎提舉兩浙西路常平茶鹽義倉公事鄭霖記

## 重開塘浦記　范成大

隆興二年，浙河以西郡國七大水，吳之屬縣五，崑爲甚。長老之記以爲三江具區占陽州地勢最下，是爲東南水之所都。其東地益下爲崑山，又東愈益下，海也。故崑常受三江具區之委以入於海。其野甚平而善於雺潦，時至水多，高居必以衡塘從浦疏瀹四出，然後民得汚邪而稼之。今歲久弗浚，塗泥滿溝，夫地於益下而脉絡壅底，則其沉濇獨甚於他邑，固宜。明年春二月，民大飢，且後皆仰哺於官。河陽李結次山適爲其邑長，思念水利未脩，則水害無終窮也。按農田令甲，荒歲得發工直以募役乃飾供上之羡若勸分所得爲之糗粮屝屨畚鍤競名前仰哺者一皆齎至浚浦五曰新洋江曰小虞曰茜涇曰下張曰顧浦浚塘曰郭澤曰七丫曰至和五旬而告休用民之力役凡十有三萬四千六百有奇縻緡錢萬一千二百有奇稻麥以鍾計七千七百有奇而官儲不知公徒無所與焉余時備史官次山使来句書以爲記余聞其土水患舊矣聞者朝議屢歎遣使發官錢用諸費以從事論議藏有司充屋卒以事大重無敢承命者次山獨能餓羸之餘嘗試之其績已不可掩後有来者逢年而有餘力必且思前人之意彷彿其緒而

緝之隨水之變而爲之捄將終古無後艱此余之所以欲書飢疫之烈也乃緣数十縣見大夫錯立其間左奉食右執飲嗟餓者於路窮日力且弗給方是時人其敢以從容脩廢望其長哉有能賈瀕死者之餘力以舉是役君子謂之賢勞而顯然無傳僅與不爲者相絶如毛氂耳事固有屈於一時而伸於後此又余之所以欲書者所謂至和塘者是姑蘇道也異時舟行財一長亭輒膠則折入其旁湖泖以達于郡盜區寒荒亡以衞辟然遇禍不可勝計今雖暮夜猶肆行塘中如過舟枕席之憧者身親蒙其利不可誣餘雖在絶遠僻陋之濵以一

至和之親見之以信其餘之可傳得又余之所以遂書而不辭者是爲記乾道元年十二月一日左宣教郎祕書省著作佐郎范成大記

崑山縣重濬十河功績記　吳瑞

崑故澤國也鍾三江五湖之底其西納東吐晝夜不息寔籍支川衆瀆有以分殺其勢也苟疏瀹之失宜則潴積不流有入無出若盆盂既盈潰决汜濫禍延鄰國匪直爲一邑之患而已昔之治水者往往致詳於崐亦有以哉弘治戊午江右傅公以冬官郎中奉

勑治水中吳公清材遠識博斈而能文其視大宗伯體

齋先生為伯兄世稱大小傳先生云行縣至崑視崑之支流雖聯絡交錯而整然不亂深歎前人經畫之精以爲不如是則邑無寧歲矣然通則利□則害其得失是非瞭然易辨將欲丈脩水土之利於崑而崑民方脫水患之餘呻吟甫息生理未暢目前憚於動作目集父老于庭反覆開諭民始曉然趨令乃餙有司經理財賦調後授地卜日而即事爲浚浦四曰大虞浦曰大石浦曰徐公浦曰顧浦浚涇五曰斗門涇曰羅庄涇曰尤涇曰橫涇曰黃昌涇浚塘一曰致和塘其深闊丈天視舊加倍復崇其隄防以絕旁嚙工給以直不以官使故

畚臿之興歡聲如雷共用夫若干萬人錢若干萬緡始事於弘治戊午十月歷己未庚申十二月而十功告成蓋後止於農隙以最後畢工之日為斷也董其役者知縣徐侯璁縣丞楊侯孟奇而總之府判陳侯[illegible]三君體悉公意程督固嚴而保愛之仁未嘗不寓於其中公則單騎往来旌勤勵惰提其宏綱罔有遺漏惟茲十河利愽而害亦大故治之當最先其它川瀆關涉稍幾分命旁近協力極濟務俾通利若湖川塘地屬太倉當崐下流距海密迩崑嘗爲其浚助故記亦見之公尤嚴盗河為田之禁重其罰而悉奪其地還之官雖有請佃之説

亦閣而不行矣三君以公成績為崑民百世永賴相與伐石徵予文為記予嘗讀文正范公書有曰吳中水患昨開五河世去積水秋望可期是知治水要訣在河也後讀文穆范公記文有曰崐當具區之委必使縱塘橫浦疏瀹四出然後民得而稼之又知浚滌為治水急務也公於崐之十河獨加詳焉將無小大一惟浚滌為務其亦二公之見歟治甫三載連三稔百姓自輸恒賦外足以仰事而俯育室家相慶飽暖卒歲固天運之有常亦人謀有以勝之也即一邑而七郡可類推矣曩予亦嘗承乏理北河事尋以病免蓋北河以漕事為重恒苦

水之源不繼治法嘗先源而後委兵中以田事為急惟慮水之委不泄治法嘗先委而後源南北不同故疏治亦不能以皆同玆當執筆記公偉績仰止丕休徒興執鞭之嘆若公者可謂不負聖天子付託之重者矣竊於簡末附已見以為欲知河事者告焉

## 崑山州先賢墓祭田記

朕奎

鄉先生沒而祭于社其禮之廢也久矣後世以義起禮往往即其遺墓所在而祠之令甲所著而儒先之所行也是亦亡於禮者之禮乎崑山如宋御史王先生葆侍御史李先生衡以道德節行敦崇名教龍洲劉先生過以奇偉跌蕩振作士氣此其制行雖不同要亦非一击之士也祠之所以勵流俗之婾污激懦夫而興起豈苟

然我至正廿有三年知州偰侯斯至官始詢訪昔賢遺墓得三先生之墓而封表之明年州人管善既以先志割常稔之田四十五畝入校官養士又謂諸賢之墓不可無祭祭不可以無田於是復割田爲祭祀脩葺之用且以其父隱君之葬亦在馬鞍山也請以施田之故祔其木主於龍洲之祠偰侯悉爲下令如其請有事於先賢則分奠焉噫若管君者誠可謂知禮慕義者矣賢賢親親務一而兩得君子蹈之世有蹙産破財妄爲塔廟飯僧之費視名教所在曾莫少槩於其心苟非智識之明卓然有見乎流俗之表能不惑者鮮矣管氏此舉全

可嘉也田氏三十有五畝歲得米二十五石有奇籍而隸之學官俾有司以時檢舉故事歲再祠之事其出納者又必致謹於簿書之外罔或有少私焉則諸賢之祭可以無廢而俠侯表賢善俗之心管君尚德追孝之意庶幾相與永久而不墜也因爲著其本末如此俾後之人得以攷焉王先生字彥光墓在南郭新漕里李先生字彥平號樂庵墓在州治南六里圓明村劉先生字改之墓在馬鞍山東齋管隱君名珪字仲玉晦德好施予喜爲詩衎其主龍洲祠其亦又又合也夫是年冬十月廿日州人殷奎記

思賢亭記 殷奎

崑山一邑之勝曰馬鞍山孤峯闖焉拔出於百里之甸危巔卓錐峭壁積鐵其奇秀視中吴諸大山顧若藐之而軋其上以故人之來東者見輒奪目焉然自其一山較之其登覽之勝又莫最西隱蓋山負縣北郭而西隱㯼陽崖爲飛閣高栟刺天坎壑在下境界空濶泉石靚幽游者自闤闠喧哄而出驟一泊此其意適神爽有不容言說者故賢士大夫之之吾邑者又多賞勝於斯唐人孟東野張承吉題詩處曰上方上方舊址近並西隱其勝固可想見宋皇祐間王丞相以使事至縣夜中東

燭入山讀二子詩和之高風逸韻遂爲古今絶唱上方之廢已久往年西隱又灾而上方東偏一亭獨存此思賢之所以名也夫古之人登兹山者衆矣獨三子者之賢使人慕之至今豈不以詩耶孟詩窮而後工張亦晚始善荆公雖不待是而傳而疲精殫思故亦不下二子吁一詩之能成之不易且若此況不止於詩焉者乎顧詩人之風韻能使人思之而不忘則哲人君子道德之高致宜何如其思也今年春縣大夫吁公登斯亭樂之徙倚之頃薄書鞅掌之勞爽焉若失於是讀斷碑之遺句訪三子之遐踪茫然長思似欲追而從之遊也及訖

道人智許求其蚤象而寘諸屋壁使人知境之所因而勝者尤在於斯也許公喜事能詩請予為記以來者爲有勸矣予曰諾與之器

葉文莊公祠堂記　吳寬

故吏部左侍郎謚文莊葉公事

英宗爲兵科給事中當己巳之變京師戒嚴公忠憤激發數日奏疏七八上區畫兵事悉中機宜自是有名於時後出參政山西遂擢都御史南北巡撫制禦蠻夷功績益著

憲宗之世乃召爲禮部侍郎及改吏部而終公蘇之崑

山人也既歿幾二十年慈溪楊君名文由進士来知縣
事廉慎有威而惓惓焉尤以崇正黜邪爲念自以少知
公名今獲令兹土無以致仰慕之意適
今天子初即位用臣下言撤天下佛廬之私建者君承
詔而喜曰吾志可成矣蓋謂公之爲人天下皆知其賢
况鄉人哉歿而祀于其鄉此禮也顧學宫後有當撤者
乃特毁棄其像以改公祠設位於中歲時率僚屬師生
拜而祀之他日托公之子壻兵部郎中虞君元凱来道
其事而以記請夫世之仕者孰不急於政事有政事矣
然無文學以資其識則所行者不免爲俗吏之事又孰

不重乎文學有文學矣然無氣節以立其德則所能者不免有文人之識故三者每患人不能兼而有之公之政事載於

國史者甚備已不必論其書冊滿家篤學考古至忘寢食所著述專以歐陽子為法純雅明白其詞藹然平生尤慕鄉先哲范文正公身雖已貴肅然猶寒士也諂佞之徒有所倚而起者惡之不忍與接其所自處可謂重矣是以其名起於當時傳於天下而士大夫置公于

國朝名臣之列此豈無自而得者特公以中歲而歿使天假之以年其見於世者當又不止於此於戲惜哉寬

初入翰林雖及接公而受其誨言然不久公已去世竊以爲恨而名父嘗有斯文之契者况其爲此又當乎人心故雖無文猶强書而復之祠成于弘治三年　二月戊戌

慧聚寺聖迹記　僧辯端

宋至道二年冬端自杭州奉送貳卿琅邪王公歸闕路上於姑蘇遂謁郡太守尚書户部員外郎陳公煩爲政有仁愛故四方之人籍籍有聲名者咸皆仰望爭款奔走詣其館而識其面者衆矣端亦既有見果若舊識迺盤桓於是郡得遊其屬邑三年春二月局于崑山縣寓

慧聚寺未数日會公聽理之暇出遊水塘相繼而至又得以陪從嘉賓周覽古蹟且目其孤巒奇秀屹立天際曰馬鞍山也郡岫相去皆百里而遠極頂四視東連溟渤西傍洞庭原隰溝塍坦然鋪著初至寺陛殿尋碑讀記厥石斷壞其文殘缺年月名氏皆蔑然也乃詢諸寺人有耆年宿齒者迺得唐人博陵崔子向所記之文畧叙其事先是梁天監十年有帝之門師吳興沙門釋慧嚮姓懷氏久居内寺一旦歸省而至自山有息焉之志因放錫禪坐於山脅石室間以二虎爲侍師方運籌思立精舍忽有神人現師之前曰願施千工以成其事其

砌

夜風雷震吼林木號怒近山之人聞撲鬪之聲翌旦而奇石矗疊廣階駢墄其方截如也延袤一十七丈高一十二尺蓋山王之役鬼工也時宰縣者異其事聞刺史奏武帝因造寺焉遂立正殿於其上勑張僧繇繪神於二壁畫龍於四柱每雲陰天暝則鱗甲皆潤濈濈然又有浮萍者或曰多興疾風鼓巨浪於江海間後勑僧繇畫鎖以制之洎唐武宗會昌中詔毀天下佛宇玆寺當在毀間大中五年宣宗皇帝重闢釋門故寺僧清江以靈迹聞郡守常公於是奏再興焉凡今殿閣像設非梁製也惟神礎存耳觀其神迹規制皆窮奇極壯造化

所成信非人力遊者觀之莫不肅然心懾而股栗神驚而鼉駭苟非嚮師至德通于神明又疇克臻于是耶苟非山王有感昭于有德又胡能成其迹耶又前後曾未有郡牧至此者今陳公慱古聞異来而覩之久以加嘆因謂端曰前記湮滅来者昧其所從請摭其實書於永永端雖謏才忝辱厚命故抽毫以書時至道三年孟夏記

## 重建景德寺記

僧妙聲

佛教東被莫盛於六朝于時公卿大夫往往施所居以奉佛蘇之崑山景德寺晉咸和二年司空者王珉捨宅

所建也初珉與其兄司徒珣既以虎丘别業爲寺而珉復自表見於此云始名寶馬寺宋景德間寺僧慶謩請于朝勑改今額若唐徑山國一禪師宋雪竇和庵主皆受業兹山而道著天下由是寺益重寺有佛涅槃像覆以鉅屋在昔承平時歲以二月作大會邦人士来游来觀華香之施奔走先後者旬有五日迺已事具玉峯志蓋一方之盛集也自爲寺以来無水火之厄元季至正乙巳冬燬于火舊構無遺者國朝洪武五年以輸賦愆期官籍其田以去遂墟其地七年寺僧九齡始至顧瞻而嘆曰昔賢之遺垂千餘年二師之化肇基于此且雪

寶稽諸世系實吾始祖此我責也於是走謁事佛之人誓圖興復未幾近遠響應泉布交至以將修承平故事首建涅槃殿殿中施七寶床素釋迦文佛卧像其上并諸弟子菩薩天人佛母之屬哀慟圍繞繒蓋幢幡嚴奉如式儼乎娑羅双樹間也又造大藏經以木爲匱栖寘左右于以表大教宣布法身不滅之旨其外則環樹松柏後積土爲山悉復舊制是役也經始於戊午之冬以明年己未秋落成廼謀伐石以著成績昭示来裔晉之衣冠南渡之族唯王謝爲江左第一方其盛時臺池第宅髣乎相望其詭麗宏傑於示久遠者何如也曾不數

何已非其故盖将求其彷彿固以澌盡而無餘矣賢者猶若此况其他乎獨其所自託於方之外者至今存焉耳得非佛道甚大而清淨願力之所持者非世相所能轉庶可傳之不朽也與齡一念之發施者麋至僅及期月而遂以完告何其敏哉又豈非天地山川之靈實有相之之道乎齡字大年宗天台氏之道嘗主猜汪廣孝教寺有解有行人用孚化方庇功工時有僧德傳淨士本達恊力居多大年與余同宗且舊故爲次第其事如此俾来者尚有考焉洪武甲子九月東皐沙門妙聲記

## 慧嚴禪院記

曾敀

崑山縣治之東有禪院曰慧嚴始唐末嗣禪師以佛學名一時故鎮遏使劉璠為建院以處之嗣師既去其徒以世及續居者百五十餘年屋老而敝徒不能葺熙寧四年主僧惟已請如嗣師故事復以院待學衆之來遊縣以聞州命選於衆乃得慧几禪師俾以住持於是四方之士不期而自集一境之民不言而心化因相與視其屋則又皆曰是豈人法之所宜者遂謀新之鄉人聞命樂輸以助先為法堂寢室凡二十楹始事於元豐元年之秋來歲仲夏二日畢工師曰不與俗交非與化人為也則記其事以慰作者之勤其得已乎而法堂寢室

豈特以休耆壽者之身佛之法傳乎其中乎矣非知吾法者不能為也以書屬予曰幸為記之予聞釋氏之書曰所言法者謂衆生心是則攝一切法釋氏之言心法如此則吾先聖人所謂天下之至神者是也夫心之為物微妙寂通故用之弥滿六虛廢之莫知其所不古不今神而無方信乎廣大高明超於名跡豈言與書之所能盡哉是以學者欲其深造於道而自得之也當梁之季釋氏之教最為盛時然學其法者亦泥於言學其書者亦忘其真天竺之師達磨始自其國来其曉人也直示道心使之研幾見獨盡豁幽滯則廣大高明皆我同

有豈如老身窮年敝精神於名迹而已者乎於斯時也道之不明久矣聞其風悅之者六通四闢如醯雞發其覆如見天地之大全雖中國之士大夫欲息於道者亦從之遊故傳其法者所居而衆至所教而誠服待人之餉而後食待人之衣而後衣或泛求於人亦不以爲厭也其居之至則祟棟廣宇極其壯麗敝則衆相與新之而人亦不以爲侈也蓋聞其道而心化者皆將虛已以遊於世則其驕吝之意消而能尊道輕財固不足言也惟此堂室師之居此湛兮淵靜廓然朗徹資道之侶還至而時集顒問於堂寮叩於室宜其迷者自覺疑者自

信神悟心照不知其然堂室雖無與於人法亦人法之所依也則作而新之者其澤豈易竭哉

薦嚴資福禪寺佛殿僧堂記

黄溍

竺乾之教初至東土梵僧惟止於官署逺其傳既久爲其學者日盛由京都至于郡邑十族之鄉百家之閭大爲招提小爲蘭若如星羅棊布其後又别爲禪居而叢林之規制益備　殿崇莛以妥奉乎像設穹堂廣座以安息乎徒衆締搆築削雕刻藻繢之功大抵資於人而後具其始也必有高行宿德足以起人之信嚮是以王公大人下及州里好事之家咸慕而趨焉不然何以能

使之捐其所有以成吾之所若為哉若夫盈盧有數成壞相尋或奮興於毀敗之餘或遂廢而弗振則係乎荷負其事者何如有爾平江崑山故州治之東三百步有大伽藍曰薦嚴資福禪寺以其居城之東禪肇自唐天祐二年鎮遏使尚書左僕射劉公璠捨宅創建以處匡公禪師初名崑福宋大中祥符元年改號惠嚴熙寧四年又延致黃龍南公之上足尤公禪師來涖法席四方衲子歆咨决心要者聞風而至於是禪門蓐起其徒推為玆山重興之始祖所建法堂常州團練推官秘書省校書郎曾公旼實為之記高宗南渡特為書普照堂三大

字故御書有閣參知政事范公成大讀書處有紫藤人稱之曰范公藤至孝宗乾道元年乃錫今寺額我朝參用真乘助成無為之治所以嚴護而崇飾之者視昔有加泰定二年以不戒于火一夕而燼後十有三年是為重記至元之四年悅堂禪師希顏繼為住持覽其荒基斷礎荊榛莽然乃發弘願以茲事備述而上白中書平章政事沙剌班銀青榮祿公慨然從請而以已俸率先悅堂遂得以興復自任首闢山外大路而徙七佛石塔扵官河之南募州人章均添祐等施錢重作大殿購善工扶法合色速買尊容釋迦文無量壽彌勒尊當其陽

諸菩薩大弟子侍其側左右環以十八阿羅漢其陰為文殊普賢觀世音三大士涌現壁間金地砥平紺宇山立妙相端拱花鬘四垂以至正四年之八月落其成六年二月時宰上聞天子特降璽書以護之復募同州巳城徐均文質獨造僧堂鼓鍾之節床第器械之須完具如式持瓶錫而来者雲奔海聚四衆懽忭賛歎請刻于山石用告後人悅堂不能拒則狀其顛末使来謁記蓋東禪在崑山最為名剎既有高行宿德倡導於其前又得人荷負其事而扶植於其後是宜見者聞者不憚於輸財薦貨以廢為興今殿堂以還舊觀将有覩勝緣生

净信者而致力於其所未備者他日屢不一書也恍堂四明昌國之氏由儒入釋幼從無惠印禪師得度其說法則嗣東與海和尚相是役者耆德文源至正八年十月癸亥記

清真觀建昊天閣記　陳振

崑山古婁縣梁天監分置信義至大同又分信義置崑山按圖誌晋陸氏之先塋於此山後機雲兄弟以文鳴世時人以比玉出崑岡故號山曰崑梁因以名縣及唐天寶割崑山嘉興海塩三縣地置華亭縣山隨以徙崑山名縣固存今縣西北有山階升級拾游觀所華盖自

是馬鞍山而崑山之山政占籍華亭云循縣西行一里許必折而東得道家者聚廬曰清真觀觀有閣傑出曰昊天閣嘉定四年正月知觀事馬拱辰副劉道映所建也其廣六尋其深四尋其崇六尋有二尺凡閣之材用木以章計者一千四百九十有三竹以竿計者五百八十有六葦以束計者四百有四十甓之數萬五千三百有二十瓦之數七萬有五千工之數二千二百八十有四合凡他費為緡錢一萬有奇飾以金朱繪以黃綠上

上帝處中被服袞龍仙官紳緌左右翼衛嵌空為臺三面扶闌振嘗夜醮其上月星低垂天地收籟步虛清越

佩聲和鏘是心油油以敬以肅閣之建顧不足妥靈貺
祉歟觀為放生池振兒時間一至小亭孤立度以浮梁
乾道七年道士翟守真來自天台覲縣家四維久薰崇
香火地始凶諸官助躬經理十五六就緒淳熙初元外
大父左史李公師寓公士民狀翟君有操行遷常熟縣
故道宫額榜曰清真而推翟君主之當時先君尚無恙
也閣三十一年而馮君嗣又九年劉君嗣至是棟宇之
制十盖倫八九矣而閣又其高明壯麗者噫佛老氏行
乎中國久矣而閣又其高明壯麗者噫佛老氏行乎中
人心人怵其說駢首畏慕老氏學長生不死而神仙得道

之士蟬蛻埃壒影響不接於人故今之名剎寶坊所在棊布輦金輸粟實繁有徒至於閒館眞祠寥寥郡縣斧斤畚築或曠耳不一聞由此觀之鳩工集事二氏之難易較然矣清真自翟距劉用力三世而外大父而下若先君亡慮廿又八人指計微一存者獨往來逵道巋然壽宮不曰難乎振於是有感焉則又曰雖然續底於勤圮於盈志植於強肆于安劉君乎能念前人所以盡其後者乎朝脩有所繕閟有經祝皇王之壽爵施者之勳考擊鼓鐘而渝火分若是則厥未成者將不日而成之况其已成者乎苟或不然食飽而衣鮮暑簞而寒氈忘

厥由来以嬉以恬君是則雖已成者懼弗堅且久也况
其未成者劉者乎君請擇於斯二者劉君矍然斂袵曰
旨哉而今而後道映所不命其徒相與敬夙夜以從事
斯語者有如閣嘉定八年九月己巳立

惠應廟記　黄昺

蓋聞三代迭號仁義攸歸七國僭称簡牘是識或封建
子弟或追贈公侯居於域中莫斯為大然有功於國有
惠及民後世尊其道者亦受命無愧矣大聖山王者焉
鞍山之神也按圖經茲山在縣西北隅平地崛起高数
百尺屹然而獨立環望邈幾千里渺乎其無垠峯巒聳

奇草樹增茂為邑中之勝槩也大梁天監中有吳興沙門慧嚮者脫塵勞千劫脩菩薩萬行携錫而至卜岩而居寂寂一室安處其定慧耽耽二虎馴擾其左右緜歷寒燠皆如始至向非達觀大士孰能憇於此哉師嘗謂茲山殊勝可興佛寺雖用志彌篤而力莫能逮一日師方宴寢而山神前現曰願施千工以助斯意是夕雲驅電掣風撓雷動駢闐之跡徧于林莽鞭朴之聲震于巖谷恍惚中夜驚悸數里詰旦陰翳潛廓靈基倏成雖疊石之相差若築出之袤廣橫袤十七丈高聳二丈小大規矩混然削成其直如繩其平如砥非人功所能致也

邑尸狀其事聞乃以殿之東建神之祠立神之儀錫命曰大聖山王蓋旌其功而表其美也自兹以還威靈益著聰明正直鎮乎百里之境福善禍淫庇乎一方之民凡猶豫者卜之如嚮靈龜疾疫者禱之如餌良藥肸蠁之應昭昭而可驗牲幣之祭紛紛而不絶及物之惠斯亦至矣然而年禩浸遠棟宇隳壞軒墀蔽乎春草廊壁嗚乎秋蛩雖靈之具存而像亦斯弊有邑人陳仁紹者好善不回積財能散賑寺宇棟撓思締搆以鼎新今寺主僧志堅同募居民以成勝事僧顧文清瑩者亦賛其能歲踰一發如石投水施利四來如川越海凡所得者

僅餘千緡於是鳩工市材揆日蒇事歲時未易斧斤告
停危簷翬飛疊甍鴛壁窗牖明邃櫟櫨赫奕殿堂廣其
舊制廊廡闢乎新規門闌有閱左右有序中塑神像森
衛靈官威儀聿陳藻繪斯煥蓋所以答神休而肅祀事
也噫古之鄉士有益於人者典禮尊其祀焉矧茲山王
垂數百載而英烈不昧貽施功而成善事終佑民而享
明德建祠追號亦其宜矣前所謂有功於國有惠及民
後世尊其道受命無愧其斯之謂歟爰因訪舊香臺薄
遊是邑聞其異蹟闕於記事既蒙確請不獲牢讓辭旨
淺近斯為愧焉時明道二年二月十五日記

## 惠應廟誠應記

黄由

余遊上庠鄉之賢者不鄙其愚多延揖以訓子弟其寓
玆邑盖再越寒暑每當暇日樂於訪古獨古慧聚號為
名刹山川之瑰勝堂殿之宏麗洞心駭目常為終日留而
不厭若夫鬻師之道力所格靜濟之神應無方聞之者
老相傳及見之碑誌不容言語贊嘆久矣故歲餘蒙恩
策名科級来歸之日親舊多臨顧迨今春少間始克往
見復訪寺之上方則一時之勝槩幾致煨燼獨祠宇與
佛殿獲存余私竊悵然扣之寺僧及大夫士言可復者
則云故歲中秋後二夕有視融回禄之警下視大殿繞

尋尺許風正西北其勢方張邑人咸集莫施其力徒用嗟惋邑大夫劉公實来涖事公清正淳篤以儒飭吏神人致喜者也奮然當火相指神祠而告之曰昔者駕風霆雨雹之威驅鬼工以立厥址上棟下宇彌数百年神忍使爲燔燬一方其将安仰烟焰未息公又禱曰兹爲邑人植福之所今以爨致若不獲免願移之於舍乞庇斯民言未旣而風倏然轉爲東南火就撲滅吁其亦異矣夫神依人而行豈苟然哉惟公誠信孚格幽明一致故獲應如響答神其可誣寺僧與鄉人賢者合詞曰願求記之以著其異且使知公愛民格神以誠獲應發於一

言之頃曽不旋踵囬視昔人反風已火之祥殆異世同轍率是以往將臨大事建大節圖囬經濟其不顧身以利天下天下之所眷賚公者未易量也余不得辭遂書以記其實公名藻字德清金華人以進士第繇官中都來宰茲邑其政迹之美才學之懿畧而不書書其一可知已淳熙九年清明後三日

縣城隍廟記　沈魯

國家受天命奄有方夏奠安元元以統承萬國俾分職任功顕幽罔間惟是小大郡邑山川城社咸秩祀事與天子之命吏同憂恤之寄焉其所以代天理物莫不一

極其至而城隍保民為重廟祀固在以義而起崑山自唐為吳望縣光化中錢鏐政毀其城宋世承平三百年柵竹為防而已元社將屋而始城之城隍則廟於縣治南百步　國初增崇祀典規制堂宇徙營馬鞍山麓歲久摧敗宣德紀元之九年盧龍任侯豫尹茲邑大脩山川之祀至於廟下懼日益墜弗舉乃召父老而告之以禮事神之義慮財計庸易故而新之以完固重門後寢深靚嚴密神妥其靈式歆禋祀既落成之明年而侯去去十五年而侯之明德克孚民不忘於思於是王惠均澤高瑞世祥倡率而之予曰吾邑廟祀惟是顯厥靈恭

前改創于今七十祀吾境内疾疢不興風雨時正六府三事順成卧赤子於袵席職神之由侯復以忠信成民而禮神人延釐益垂寧只請於麗牲之碑以紀其事畢後爲規隨也竊惟天子之命與神同食茲土相須匡輔生堂陛而司平於民揄方明而禍福之顯幽不同而憂恤之寄同咸有嘉德依人而行則夫神之獲安其室職有由然哉其辭曰

有廟奕奕于山之陽有赫厥灵實司其城惟城惟隍民保民障神亦依憑光靈肹蠁歲歷彌久積其室廬尹哉任侯爲恤爲謨式廟以增堂寢具考神有神廟民有

此篇亡命李儒士訪沈布道處補入在草堂書稿內

攸告司邑惟侯司城惟神咸底于仁合于太鈞我民報
祀無怠來者載書示徵勤之字下正統十三年春月吉
日邑人沈澮撰

石壇記

郎官栢記　　禮部尚書胡濙

顧輝

姑蘇崑山縣華藏住持律天如不遠数千里致其所畫
蘭蕙緘詞以翰林院待詔沈慶賫詣南宮徵予記云寺
居玉峯之岑距邑治僅二里許往時殿堂廊廡金碧交
輝林木蓊鬱歷年既久廊廡傾圮荊榛莽然樵人牧豎
駢肩接踵山之上下断碑古墓纍纍相枕不蔽風日居
人祭掃倍增悽愴寺亦凋弊弗振正統丙辰廣陽羅永

年延齡以兵馬副指揮來宰是邑才足有爲志足有守故能爲民造福興利除建立事功四境之内百廢具舉物阜民安間至慈寺徘徊顧瞻慨然興嘆曰吾爲邑長使古刹荒凉冢壜暴露罔吾責也遂下令禁民樵木鑿石闢道及捐俸貲爲倡率居市栢十餘萬株羅植盈山逮令暢茂欝欝蒼翠烟雲掩映居民德之號爲郎官栢維雖昔有寇準爲巴東縣令嘗植雙栢於庭民猶號爲萊公栢今邑宰所植之栢盈滿山川宜乎名公鉅卿咸爲詩文以賦咏其美寺之重興亦籍乎植栢之蔭也顧乞一言以紀其事庶俾傳於永久予惟召巡行南國嘗憇甘

棠之下後人慕其德化戒之以勿剪伐令延齡之德愛護斯栢之心又豈止如甘棠而已哉且栢有堅貞之操凌霜傲雪聳壑昂霄與凡佳木奇卉暢茂於和煦之時紅紫爛然一經凛冽即時搖落者霄壤不侔矣惟與松竹爲侶挺然獨秀於隆冬凝沍之際故竹有君子之稱松有大夫之號惟栢未聞其令因邑宰延齡之植住持天如之請則即官之名始肇於此豈不從茲與君子大夫之號並稱於無窮哉

正統九年甲子正月既望資德大夫正治上卿禮部尚

太子賓客兼國子祭酒毘陵胡濙撰

櫟齋藏書記　葉適

余友衛君湜清整而裕淡泊而詳酷嗜書山聚林列起櫟齋以藏之與弟兄群子習業於中夫其地有江湖曠逸之思圃有花石奇詭之觀居有臺館温涼之適皆略不道而獨以藏書言者志在於學而不求安也又其自以爲櫟者真無用於世矣非退托而云也按孔安國皇名墳帝名典堯舜在焉然書稱若稽古四人高辛而上無預也說命曰學于古訓乃有獲不知說所謂古何時也六世之籍不存矣以子華子考之不可訓明甚然則

所謂古者唐虞以後爾故孔子於羲昊之前亦缺弗講若夫討禮而尊天子正樂以黜諸侯大夫春秋修而不作詩書因其舊無所更定世儒往往未能明也司馬遷創本紀世家史法變壞遂不可復老莊推虛無沖漠正道隳裂遂不可合孫吳以狙詐狙兵制申商以險刻先治道若夫言語之縟為辭章千名百體不勝浮矣韓歐雖挈之於古然而益趨於文也經傳之流為注疏俚箋臆解不勝妄矣程張雖訂之於理然而求幾於性也凡此[illegible]出孔氏後節目最大余所甚疑而君所蔵皆具有吾盖君之力良難而任良重矣問學之要除之又除之

至於不容除盡之又盡之至於不容盡故稱鈞石必以銖會億萬必以一讀雖廣不眩也記雖博不雜也明融月釋心形俱化聲色玩好如委灰焉然後退於欒而進於道矣固宜涵衆美而以書言也寶裝綺籍不敢觸手金匱石室猶存其人滋外歟嘉定十五年二月

雲槎樓記　楊維禎

婁上張仲寬氏築岑樓四楹岸河之滸以鼻祖漢使者騫故事名之曰雲槎仲寬隱蹟于市而飄飄然有物外志光風霽月之夕手捉玉參差吹秦樓引自謂鳳凰可呼鬟鶴予楼之所援子莫耶古雄作君山吴聲透廣寒

府神奕飛越阽欲扳樓而去若八月之楂上天津而採機女之石也樓名以楂亦宜哉抑聞王子年云堯肯有鉅楂浮于海楂有光若星月浮四海十二年一週天名貫月之楂非羽僊不能乘也今關梁閉塞天步險艱貫月者化去已久吾將有詞于九重者百万蒼生命隨鋒鏑之下方未已也帝當念下土昇我九疇爲下土叙彝倫開太平者有期日也吁豈直効尒祖觀渚之狩採支機之石爲蜀卜者之驚異哉仲寛壯予言呼兩玉童日綵鸞秀青鳳仙奉奔月卮歌予鋏龍十二引爲予壽予亦自調斛律珠觫之不覺大飲至醉頽然卧楂所不知

東海浴鳥而翠羽嗅起也中寛衡子以阿剌吉清露出錦縹軸請録歳月爲張氏雲植楼記至正二十一年廿又二日爲清明會稽錢龍道人譔道人者李忠介公第二甲進士奉訓大夫前江西等處儒學提擧楊維禎也

## 耕樂軒記　龔翊

畊樂軒者吾崑彦顧公士良隱居之號也士良居邑之西北十許里樂其風俗淳和壤地饒沃眯目無市井之塵亂耳無諠鬨之雜故託以養高焉以耕以耘不厭不怠怡然自得擧天下可歆之物不足以易此也乃揭耕樂二字以命其軒徵余記之余惟四民之中惟農最苦

古人有是言也所謂苦者何蓋農之常業畎畝之外餘無所為苟春夏之失畊失耘則秋冬之計為無可望公上賦税何以供父母口體何以贍抑又晝于茆宵索綯終歲勤動不少休息至踈者其衣至糲者其食一值水旱之或愆則凍餒流離有所不免若是之苦豈一言之所能盡哉其視富貴之人華其居處美其飲啖妻妾環其左右童僕愜其使令隆冬不知其有寒盛夏不知其有熱求無不得欲無不遂而自以爲可樂者校農之苦奚啻霄壤乎殊不知彼之溺於安逸奢侈恒有禍隨其後樂果安在哉豈若此之安於勤勞澹泊食吾之力無

愧於心其樂恒自若也此士良所以命斯軒之意歟我思古人莘野南陽固不可尚惟後之董生白南其庶幾矣乎觀其父母不慼慼妻子不咨咨與夫食君之祿而令父母愁者相去一何遠哉傳有之曰君子素其位而行不願乎其外士良有焉第惜余之不文無足以副斯記之求聊復此以爲素壁之疥他日或遂一造敬當浮以大白爲歌大田七月之什而繼以昌黎之行爲士良壽矣是爲記時[redacted]

## 集義堂記

陸釴

集義堂者崑之東門李汝節之堂也汝節子元壽善楷法余嘗以弊稿見稿一日元壽踵請名堂之義予惟今之士人務於夸侈林園亭榭務以美名豪曠奮逸不切於身德義之談蓋鮮及焉有一於此非惟主人不樂聞而見者亦未始以爲宜也今李君名堂乃尔豈非賢哉夫中人之心随感而遷而立名製字愛憎所寓是故見干戈則思舞蹈見俎豆則思揖讓而勝母之名朝歌之號君子盖将遜焉然則觀逸樂之辭者其心放覩禮法之言者其心歛古人盤盂有戒几杖有名其意豈不皆然李君名堂之意誠美矣顧余安足以言之雖然吾聞

之義者天命之性人所同具而放失者多惟君子能復之故孟子有集義之論集義云者如累百仞之山日一簣焉時一坏焉不以小而或怠不以隱而或息日漸月漬培壅弥光故曰必有事焉而勿正心勿忘也嗚呼兹豈可以易言哉爲己者當自知之而已予因其意之美而試言之亦望遠而語其槩也世有篤厚君子真能用力於兹者生尚請之以卷其義云

崑山志卷十一

# 崑山志卷十二

文林郎監察御史邑人顧潛　編輯

## 集文下

序三　碑三
墓志三　墓表三
狀二　傳三
書二

### 奉行鄉飲禮序　余熑

皇帝龍飛十二載特詔天下行鄉飲禮崑山縣人臣李無逸尚義讀書時爲萬石長奉詔惟謹迺即其鄉賓禮

耆英逺爾畢至則有若周壽誼年百有十二歲皤然在席九十八十七十者坐以齒盛升降揖讓拜俯周旋之儀獻酬有容讀法胥告觀者如堵墻莫不感化翕然已而醉者扶歸者歌鬢白欣欣笑言載途鄉士大夫紀其事而詠之吾有余彥智以書走京師求予引其端久弗克為其請葢堅於戲鄉飲不行久矣黃鮐之老耳不聞鹿鳴之歌目不識賓分之儀葢百有餘年矣

皇明出而四海一舉累丈曠典一旦而復之何其易哉而惟逸生逢

盛世獲覩盛禮之行乃能率先鄉人哉冠博帶與龐眉兒齒雍容揖讓於尊俎之間且以忠君

孝親睦閭門比鄉黨爲勸可謂不惑流俗篤信古道者矣世有藏鏹數百萬即爲富家翁烹羊炰羔舉觴浮白挾吳姬侍趙女強箏搏拊歌嗚呼以極一時之樂爲識所謂鄉飲酒禮者哉聞無逸之風亦可以愧矣使鄉無逸則古禮不難復而况孝弟可興風俗可厚其機一如寓於是乎吁紛紛百卉中見此孤蕙蘭亦君子之所與也爲我謝曰

聖天子在上善自律以化其鄉人他日璽書惟汝嘉尚勉旃哉

水德婦李氏節行詩序　金文徵

彝倫風教之所由始也聖人筆之經昭乎若日月之垂天而有目者覩矣然予觀乎詩二南之正王道德而政化淳其風渾渾爾也降而至于邶鄘而下之詩之風之

變則有美有刺矣當是時詩亡而春秋作春秋則有褒有貶矣夫婦居室之常婚姻端本之要尤聖經之所慎重也而十三國變風之詩其所美者衛莊姜而止耳衛共姜而止耳若墻有茨諸篇抑何其刺多而美寡耶二百四十二年之春秋其所褒者紀叔姬而止耳宋共姬而止耳若孫于齊諸榮抑何其貶多而褒寡耶予之感于斯久矣適有以蘇之昆邑水節婦傳示予者其文則錢唐陳君潛夫爲之其播之詠歌者則皆四方之聞人其信而有徵者耶當節婦之蚤嫠邑人爭聘之而不貳至自縊以絶羣望此與衛共姜之矢死靡他奚以異及

其身在胥靡或勸之無以居孀對奠弗與同產連坐者而節婦堅莫之從此與記炑姬之不歸宗國而歸于鄰奚以異彼豪獷吏又乘其危讋之以危而利以誘之卽婦尤慷慨拒於辭色此與宋共姬之寧逮火而死不肯少避火以生者其志亦不大相異也凡此三節者能聞古人之風而興起有如萬一遇夫婦之變尚豈異於衛莊姜之無怨懟哉於戲賢矣夫賢而得書春秋之法也賢而宜詠歌之詩人之百世予是以知斯世之不幸而有斯事也予是以知斯世之幸而有斯人也予是以知斯人之不幸而有斯哀也予是以知斯人之幸而有斯

名也作節行詩序蘇人金文徵書

送朱希仁教諭赴臨川序　　葉盛

天順末朝廷以祭養之重且田害之除也或圍獵近郊將命者後有弗戒負羽之徒至近迫
陵寢旁地歲丙戌九月一日昌平縣儒學教諭臣旻齋潔拜稽言夫
陵寢上干
列聖在天之靈祠享所在驚擾可乎此臣所不忍言臣雖賤微非所當言然嘗奉明詔許直言故不容不言
上得奏為之愕然迺若曰朕惡得有是耶其令有司毋

再圍獵具爲令嗟乎敢諫之令在唐堯時已有之惟夫後世者大臣持祿而不言小臣畏罪而不敢是以聰明日壅幽隱不達治日少而亂日多常常然也然則盛明之世朱教諭一縣學官有言及蒙被聽納有如此者其所關繫豈小哉教諭朱氏字希仁崑山人發身科目嘗爲諸暨浮梁兩縣學績最遷昌平茲又以昌平九載例調臨川教諭將取便道江鄉奉其母夫人以行盛暑在關外得於傳聞知罷獵事歌舞

聖德之餘未嘗不私幸吾鄉邦之有人且鋪張對揚近臣之職故於茲行也謹爲述此以畀希仁俾凡從吾希

仁而游者知朝廷之於言無擇於芻蕘小官如此知
皇上求言納諫惟善之從皇皇若不及其所以致大平
之治盛德偉業槩多如此希仁之忠於事
上不隱不欺正直敢言如此有不聞風興起者乎唐陽
城有言凡學者所以學為忠與孝也其果能有感發而
興起如吾希仁否乎希仁儻被他日眷思所及趣命而
来當悉舉以告我

崑山校官養士之碑　袁宗仁

國朝崇儒右文自都城洎郡邑皆立學六飛南幸駐蹕
武林吳為股肱郡崑山吳屬邑密迩帝都士風殊盛迺

考邑陞大縣令人選闕授受不苟得人遂多有李侯稠章侯萬里皆前政邑大夫擅説錦之譽者也知政化之本能急先學校或補脩或增廣不遺餘力一時名儒大出深刻鋪張而夸耀之豐碑砣立可攷不誣令令君吳侯實繼諸賢後未下車詣學宮謁先聖先師延見生員周眂旁睇慨然言曰美矣學乎蔚有泮宮之制門廡軒陛嚴整像設章服燿煥循左序歷齋舍升倫堂閱禮器簠簋樽罍爵坫無一不備此累政所盡心者何更為哉特未知養士之原如何耳合詞對曰學有田田有租以給膳羞不乏也豪民私其利姦胥隱其籍莫肯輸納故

時有不繼諸生群萃黌宇朝誦晝習夜焚膏油旬具程課無頃刻假儻使家食往來道路安得一意于學俟曰唯唯吾將搜括舊租悉奉庖廩俟又曰師嚴然後道尊學有長所以領褎衿佩傳道授業觧惑非師而何然均布衣也容有玩易乃請前進士紹興戶曹朱起宗臨安簿沈成為主學為學賓聳其觀聽長邊瀛先進老成談經命題督課具有法度其燕訓導職掌袁宗義沈逢原嚴日胡卿曲所推列職在學俱給月俸以示優異生徒僕僕拜賜始卒若一罔有違闕具是邑之地環數百里戶口六萬獄訟錢穀簿書期會不無事矣而能委曲規

盡教養士類是豈可淺近窺測也耶侯攷已三書瓜代有日諸生懷德惜侯之去且慮侯之美意不傳也邑之士大夫從而縱臾之欲俊其事丐文於宗仁不獲辭乃正冠肅容濡毫伸楮述其顛末書而刊之石矣名槩字子直義興今承議郎已被聞行為中都官其政績備見於當路之所知茲不復詳紀云嘉泰三年在癸亥五月旦文林郎新差充國子監書庫官衆宗仁撰并書

崑山州學宮碑

元楊維禎

崑山在唐宋為望縣國朝以生齒之庶陞州徙治東倉至正丙申東倉燬州復舊治所招還流逸民重立宮寺

及社稷之壇宓羲神農黄帝之廟至是遂新作孔子廟學禮殿論堂重門廣廡齋廬直舍庫庾庖湢無不畢具像設先聖先師繪從祀諸賢範祭器理大成樂無不如法寶今費侯為州三年之所成也後始至正二十年夏[illegible]月四竣事於明年冬十二月侯即率文武僚友舍菜告成又命職于校者治書幣狀顛末走二百里外謁余文以志予方悼世變之劇州縣鞠為草棘雖鄒魯地不免况阻江要海與寇爭尺寸者哉詎能保障其所如金湯怦懔其居廬校室如按堵之故非其人之得守將曷致是耶若侯者是已傳曰守令者民之師師也侯非師

師之殊尤者乎吾所樂道也於乎人之所以為人以有倫也有國有家者叙爲斯治斁爲斯亂世降道微邪說暴行滿天下馴致三綱淪九法斁人類無以别禽獸然理出於天者未嘗一息而可滅予讀孟子書知先王學校之教矣其言曰三代之學皆所以明人倫也時方崇功利薄仁義則又告之曰未有仁而遺其親義而後其君者推其效可使制挺以撻秦楚之堅甲利兵人心天理之可恃也如此詩曰既作泮宫淮夷攸服又曰在泮獻馘在泮獻功又知古者文武匪二致也侯於用武之秋不敢斯須忘文教是可書已費侯名復初字克明東

平壽張人世長千夫于鎮江蓋有文武　幹者是役也
同知州事梅英實贊其成時判官丁復初教授陶植提
控案續陳善都目沈繼祖謝宏道也詩曰維吾支邑崑
在北東東薄于海捍海作邦陵谷以变井邑以迁人民
鷄犬往而復還邑有庠序鞠為草莽治必有教復我黌
宇展也賁侯克帥克師文事武事匪曰两岐在昔受成
獻功獻馘我教既成我戰必克化民復敵孰負孰荷侯
曰噫嘻豈不在我我部百里我心一家衣冠儼雅籩豆
靜天經不斁國紀攸叙如子從父如弟子聽傳維崑有
石維有銘銘以著蹟遹觀厥成

宋詩人劉君墓碑　　呂大中

詩能窮人尚矣有生而窮者有死而窮者借車載家瘞驢破帽此生而窮也釆陽荒土采石孤墳此死而窮也龍洲先生諱過字改之家徒壁立無儋石儲此所謂生而窮者塚蕪岩隈荒草蔓延此所謂死而窮者先生何窮之至是哉然橫用黄金雄吞酒海生雖窮而氣不窮詩淵天下身羈騷壇死雖窮而名不窮迺知先生之窮異乎常人之窮也往往至先生墓者弔之詩酹之酒止於花時勝賞宴酣之餘買豪傑之名而已未有特扣禪関芟夷荆棘表先生墳吁先生之骨豈終埋沒於空闕寂

寞之濱也哉余也讀先生詩摹先生名於是以琴書易片石為先生誌先生之墳即東齋後也今不立於墓側而立於東齋之嶺涯者以僧房多扃鑰故耳庶使江湖詩友知有詩人之墓在焉嘉熙二年正月十五日上蔡醒狂呂大中誌從而銘曰芝蘭之馨梅花之清先生之名凜然如生

[redacted]

宋左朝請大夫王公墓誌銘　　張震

紹興辛未震對策集英殿天子嘉其狂直不黜而進之時尚書郎王公彥光為覆考官既賜第例上謁知其君子人也後數歲與考上舍試公以御史監視自鏁闈至

揭榜目夜談經論文僕仆灯畫不休又知公篤學醇儒愈益加敬焉居頃之天子議置相人懷向背公獨介然持正予蓋耳聞目擊竊嘆息以謂儒者操守當特如是矣其後公守漢漢予鄉也雖宦遊他邦實聞其政異乎泥古而不通者今上登極忝執法殿中乃抗疏道公立朝本末與治郡善狀事雖報聞旋以大理少卿召公而公乆勞于蜀力求便安復持節于外未幾而病遂以不起將葬其孤不屬他人銘之數千里謁於余非以余知公深邪其何可辭公諱葆彥光字也吳郡崑山人曾祖制祖申皆隱居不仕父億樂道好善一鄉推長者以公非

朝累贈右中散大夫母令人史氏公自幼智識絶人讀書幾廢寢食弱冠以通經能文称由學校貢太學每試常右諸生登宣和六年進士第調通州海門尉未上改處州麗水主簿軍興守檄治閔隘公規模闊遠不類少吏當路材之用薦舉陞秩而去紹興改元天子思廣言路講求賢良等科公慨然上疏條陳十弊皆切中時病其末以儲嗣爲言執政讀而奇之欲試以事會詔侍從舉劉令得常之宜興邑大比屋皆仕族固已難治而淮淛兵挐盜起将士往来憧憧稍乏具輒以軍法從事僚吏駭竄公白父母曰食君禄無愛死理有弟可養親母

以祿為念也明日取丞簿印薫佩之自晨治事至暮未嘗退食將有頡頏妄求輙面折力拒人為服栗公弗恤也久之民德公不擾吏服公不可欺相與恊力應軍須而武將亦知公勇於義稍稍自戢於是簡條教立綱紀專意息民視他邑獨晏然至今父老猶能言當時之事称公之善也秩滿部使者交薦而郡守雅不樂風宗室子嘗為公所繩者使索公有榜通衢来告者至掠治邑胥條公過失卒無所得而止改左宣教郎朝廷將用公於遑公以親老辭乃調臨安府仁和丞改江陰軍教授丁中散憂服闋通判揚州入監登聞檢院遷宗正寺主

簿轉本寺丞賜緋衣銀魚擢司封員外郎兼玉牒所檢
封官於是史令人老矣公養志盡孝朝士咨美竟以憂
去三年杜門讀喪禮人不見其面免喪以舊官召兼權
考功當是時百司無敢可否事公獨伸滯直枉當官不
避未閱月鬚髮為白有蜀士黎洋者以改秩賕吏文書
成賭不如約吏懟詣曹自首而逃洋下大理獄而吏不
可得公白侍郎法雖有取與同罪之文而事非覺法勿
坐與者請釋洋破吏詭計侍郎搖手曰止蜀士多貲禍
及吾屬矣公拂衣起曰避嫌擠人吾不忍也自白執政
釋之其忘己盡公類此今魏丞相常語人銓曹得王公

寒士之幸也俄兼權國子司業拜監察御史兼崇政殿
説書公自入朝安於𢍰進同僚驟用者踵相接怡然無
愠色晚用侍御史薦入臺復以正議不爲衆悦上章請
外得知廣德軍秦氏初失勢有江東使者諱出其門追
治王晌守宣城亡失常平錢穀事甚急逮繫平人滿軍
獄久之無驗公下車首理出之使者劾公恵姦公亦奏
使者撓法事下他司併治而公詞直使者既重坐公繩
解守符旋起知漢州撫綏善良鋤治奸猾境内大治乃
繕修學舍增葺城壘百廢具舉蜀人謡云廣漢南隆闕
清強天子聞而嘉爲南隆守就陞陪刺史而擢公瀘南

安撫使知瀘州引用名士劾退貪吏然後鎮以無事闔境大治踰年以疾求歸徙池州遂拜廷尉改淛東提點刑獄時隆興元年春也會稽近行闕政尚姑息公屢行帥事疾惡弥厲歲歉請孚捐民租仇家因飛謀鈎謗適公疾侵遂主管台州崇道觀初宜興民懷公不已公亦樂其溪山乃卜居焉乾道三年公年七十矣以二月告老是月十九日卒于正寢積官左朝請大夫元配許氏門下侍郎文定公將之孫再娶里人張氏皆贈宜人令宜人莊氏左朝奉郎安詩之女生二子嘉言右修職郎嘉賓右迪功郎並監潭州南嶽廟二女嫁左朝奉郎新

知南劍州周必大左奉議郎新監行在都進奏院唐子壽孫二人将仕郎紹祥廣孫二子以是年十月十六日奉公柩歸葬崑山先塋之側實積善鄉新漕里也公起布衣篤學力行為鄉里所敬後生奇士争造門問道公指教有方人人成其材好賢樂善出於天性貧者賙之未遇者為揄揚致聲譽後多至執政大僚今温守李衡倜儻有大志公一見稠人中妻以從妹世以公為知教子弟姪甥甚至登第薦名無虛牓吳中論儒素稱王氏公平居恂恂寡言臨事毅然不可奪天資精明善綜理庶務然不自以爲能也雖稍更中外任使而援進不若

不必空一字

忌嫉之衆間曹遠官必久次躐進用時輒亟徙素所藴蓄百未究一汨汨以老公亦自知不偶益留意經學而尤邃於春秋嘗讀孟子彼善於此之句悟聖人作經深旨以謂當時名卿有功而賢者莫如管仲子產晏子而三人姓名略不槩見其他可類推矣又曰聖經如化工之造物有自然法象蓋昔人所未嘗及者用心三年十乃成集傳十五卷去取是非不借一毫私意於其間書成嘆曰吾精力盡於此後當有知我者於乎如彦光庶幾無愧古之儒者矣銘曰

我觀萬物　皆備於書　古之用才　有不在儒

懷以功利｜假以朱愚｜人自妄耳｜匪書之辜
有美王公｜秀出三吳｜學恥空言｜志儒之初
事君不欺｜臨政不迂｜忠純是遵｜仁義是趨
用罔盡才｜而譽有餘｜平生所得｜春秋賞誅
書成而歿｜公不爲殂｜銘以昭之｜尚後之孚

有元儒學題舉朱府君墓志銘

資政大夫江南諸道行御史臺侍御史鄱陽

周伯琦譔并書篆

君諱德潤字澤民朱姓其先睢陽人九世祖貫宋朝議
大夫兵部郎中壽八十餘與杜祁公等爲睢陽五老會

有詩傳于世贈司農少卿子孫因官江南遂著籍于吳爲司農之五世宋大學録生宋祕書省檢閱文字應得祕書生瓊仕國朝爲長洲縣儒學教諭娶吉氏君之父母也君身長八尺秀異絶人讀書一過輒能記每以詩文自喜善書札尤工畫山水人物有古作者風天得也當延祐之末年廿五游京師吳興趙文敏公子昂薦之附馬太尉瀋王以聞仁宗皇帝召見玉德殿命爲應奉翰林文字同知制誥兼國史院編修官明年正旦日食越三日受朝君從瀋王再見上注視久之廿一日宮車晏駕三月英宗嗣位會瀋王以忤中貴人斥外太皇太后

命馳驛于鄞之天童寺君遂與偕表授鎮東行中書省儒提舉又明年二月大雪上獵柳林駐壽安山以近臣言召見君獻雪獵賦累萬餘言奇之國家用浮屠法集善書者以金泥寫梵書有旨命君綜其事蓋旌其能書也及成而英廟陟配矣君語其友曰吾挾吾能事兩朝而弗偶是宰物者不吾與也其歸飲三江水食吳門蓴乎旦日買舟而南是時中朝貴公卿若康里文獻公子山蜀郡虞文靖公伯生四明袁文清公伯長輩無不留之而君弗聽也既歸杜門屏處討論經籍增益學業不求聞達垂三十年聲譽彌著至正十一年汝汴弗靖蔓

及江淮郡縣多失守明年江浙行中書省平章政事三
旦八統兵東征起君為江浙行中書省照磨官實叅軍
謀君慨然曰四方震擾若此恐坐視乎遂出應命進言
於平章曰民不識兵將不百年矣變生不虞宜以安集為
念凡擲兵來附者皆平民脅從詿誤者請一切貸之庶
克有濟平章韙之三軍用命出杭之鳳口而湖而廣德
所指風靡不再月而梳定郡二州三縣九鎮一者君之
謀居多湖守一子被害諸將欲殲其黨君力爭之止誅
其渠初遺裨將韓邦彥取廣德或言邦彥世戍其[illegible]地
父兄子弟黨寇未便平章屬君覘之君諭以大義其人

瀝酒禱無他心還具白其情乃行遂下廣德出其父而殺其兄弟爲江東人至今道其事既而君以選攝守長興至州則市無一人乃卯名父老告之以不殺故仍印號給其民以識别於冠且曰汝所怖者官軍尓佩則此官軍不汝犯於是甿庶麇至未竟月籍户得萬四千八百九十九居一載代者至稚耋涕泣遮留之不得因以病免歸其後浙省兩試鄉貢士皆嘗聘君不起至正十五年歲次乙巳六月十七日徵疾終于正寢享年七十有二七月辛未葬吳縣陽抱山之先塋次配于氏先君卒子男四長曰元吉蚤亡次復吉逢吉蒙吉女一適陳復

亨六叠世孫男二曰孝孫曰闢闢初君之大母施夫人疾亟其大父祕書君卜竁于陽山之原施夫人夜夢一衣冠偉丈夫告云勿奪吾宅吾且為夫人孫明日役者鑿地深可五尺得小石碑刻曰太守陸君績之墓旁有小石劉曰此石爛人來換石果斷矣祕書君隨命掩之而更卜焉施夫人復夢偉衣冠君者曰載感盛德吾真得為夫人孫矣是夜君生人以為享德所致具見于蜀虞公所撰吉宜人墓志君性果孝事親先意承志其父嘗疾君憂懼鉥心一夕鬢班白手治飲膳醫藥必嘗而後進居喪以哀戚聞君固貧守義室如懸罄処之裕如

游詠文藝有千輙應人服其精平生述作有存復齋集卷予始識之吳興公坐上及持節中外便道必會㝡後分省于吳日又屢與君劇論古今成敗若守備施設之要如道江河如陳蓍龜習而有徵於是益歎君有用世之學而不見用於時也惜哉復吉能世其家具狀泣請曰先子將屬纊猶張目自言其出處之槩且曰汝必爲我求吾侍御公之文以圖不朽則九原無憾矣予與君交將五十年知君者莫我若也永訣之託哀哉銘曰

惟聖有言不試故藝懿茲朱君材良氣厲受知兩朝寵遇荐被飛不盡翰隱然名世間出遺餘凋瘵以濟

或晦或顯一質以義家居食貧有介其植彼哉竈牖
孰智陸守在漢踐履卓異曰孝曰貞君亦何媿去之
千年清淑復華旁薄兩間屈信一氣曰予不信視此
偉器勒銘墓門樹君之志

遷善先生郭君墓誌銘　盧熊

先生諱翼字羲仲世爲崑山右族考友諒為大賈獨善
教子妣陸氏先生自少入鄉校從衛培宋故叅政汪諸
孫博學篤行亟稱先生穎悟深加器重先生既壯益肆
力於學沈賛百家尤邃於易年四十開門授徒嘗署授
業之室曰遷善曰以識吾過也鄉人亦爲名其授南之梁

曰還答曰是吾郭君之所居也先生詞必追古作者諷誦思繹雖一字弗苟也其於一時文人少所許與獨稱永嘉李公孝光灰天台丁公復所爲詩李公亦謂先生之詩佳處與人不同調會稽楊公維禎每以其言為韙先生與俗寡合有力者多不肯引薦引竟以訓導老於學官由是家益窮守益堅攻苦食淡讀書自若也嘗自號東郭生又自稱曰野翁所着文集曰林外野名凡若干卷疾且革知州高昌偰侯率州人士治其葬事以正正二十四年七月二十三日卒年六十以是月集日窆於馬鞍山北之中峰因遉曰還善先生郭君之墓妻胡

氏長子夔皆先卒次子鄂女婿汪思齊陸奐孫男長壽

烏乎先生之生也運蹇不諧于時之沒也貧無以為葬

亦可哀也已先生嘗謂熊曰吾葬一作死女為銘銘曰嗚呼

碩碩有為而不遂於施而卒至於斯吁其可悲

## 龍洲先生墓表

楊維禎

先生名過字改之廬陵人宋南渡後以詩俠名湖海間

陳亮陸游辛弃疾世稱人豪皆折氣岸與之友宰相周

必大聞其人欲見之門下不就故人潘友文宰崑山延

置先生先生雅志航海因抵縣宿留焉先生卒縣主簿

趙希楙以友文所賻錢三十萬買地馬鞍山以葬遂立

祠東齊久而墓與祠俱廢更一百四十餘年爲至正十三年州人顧瑛秦約盧熊等聞之州州下其事徵其圖籍正其屬域表大石其上題曰宋龍洲先生劉公之墓越六年寺僧立塔其所知州費侯復初令下僧遷骼復其墓且表樹焉遺客殷奎謁予求表墓辭余昔往來婁間詢其遺墓弗得今幸墓復予何辭於言或謂公一窮詩流耳其詩又局於季宋陋習僅如五季羅昭諫耳何以表樹後人哉予曰不然取人以辭不若以節公嘗抗疏光宗請過宮屢與時宰陳恢復方略勇請用兵謂中原可一戰而取不用云云類昭諫力勸錢尚父以春秋

詩賦之豢義士為之激立可以辭客少之手吾以是復
奎使歸告費侯刻石為表大元至正二十一年冬十月
五日奉訓大夫江西等處儒學提舉會稽楊維禎撰
復墓之明年費侯去官石不果立今高昌偰侯
既拜墓遂取其文刻石樹之至正二十三年五
月十有一日儒學教授蔡基識

鹵菴朱先生墓表　葉盛

正統初朝廷新設專督學政官多得人若今按察副
使致仕前考功郎中巡按南畿監察御史吉豐彭祖期
先生其尤也一時庠校教導之職亦多得人吾所知者

两人其一監察御史致仕前教授廬陵孫冝鉉先生其一崑山教諭嘉禾鹵菴朱先生皆其尤也何也已未首科會闈拆名　殿廬進讀三先生之執經弟子多在前列至或恙占首選天下固已信之二三十年来彬彬才彦布列庶位則又有足徵者記曰天降時雨山川出雲自昔君臣之遇治化之機槩若是爾而豈偶然之故哉朱先生起自鄉薦得通許教諭後轉昆山陞鎮海太倉衛學教授既老陳乞致仕歸先生之為教必先嚴立條約示必守諸生有事弁堂衣冠步趨不整亦不貸其長而膳者分番與凡童幼志居宿于齋夜向闌吾伊之聲

猶相屬先生間挾一童籠炬獨行扣門與語察勤惰發疑難夕之諸生化服盡除其一切務外舊習不復敢動真畏而愛也季考月試期不必爽五經文字竄抹如流品列高下以為勸懲而抑少年進不及之意恒寓焉奉行提學使者之命唯謹彭先生勵屬讀書有教官葴孫先生提學繼彭先生之後其初政心欲簿列諸生素行曰本源録先生嘗以語學者曰孫先生以尊德性為本彭先生以道問學為先兩先生教人無初偏主殊塗同歸在勉之者何如耳先生家居年已八十餘強健不衰盛嘗以使事得入謁侍坐猶凜然如在昔日函丈中今

年手付貢士周吉以書來曰死生必然吾旦莫事耳汝其表吾墓噫嘻先生吾師也是尚敢辭邪先生朱氏名冕字士章嘉興人自號菌菴門人學者尊稱曰菌菴先生先世本楊氏祖榮甫出贅于朱生父允中而朱亡子立為嗣允中亦以為吾楊有人朱吾不忍負也遂仍朱姓先生亦未復先生有孝行父喪盡禮母呂樂其養壽九十二而終平生負氣行行不能諂屈人巡盐都御史聞其賢欲薦為御史而面與之言不荅也娶周氏繼鄭氏二子寵宲皆鄭出寵早亡宲增廣生員孫女二人曾孫女二人祔葬先塋在次春橋東郭之原為表之曰先

生超超任儒雅白髮青衫令在野抱才胡不歸鎔冶昔人何人猶轗軻試而用之吾學者他日原頭欝松攢車斯式兮馬斯下

## 沈母謝氏烈婦墓表

陸釴

惟節義為天下之大閑節義一隳則人道不立而世道汚矣古之君天下者必立其極以為民先所以維持乎世道也胡元僭有中夏雖承平之世而彝倫一事罔有别叙况其季世亂起婦人女子習染既深豈待威脅而後失其身哉崑山貢士沈孟儀之高祖母謝氏其夫諱慶乙逡時謝年廿有八孀居海濱無遺孤將終身焉者

至正壬辰三月十有三日海寇方谷珎驅海島之民駕千艘入劉家港剽掠沿濱居民女婦甚衆謝度其姿容不能勉而寇進境益亟謝曰河去舍遠吾不能赴河以身全屍苟得全吾志亦免矣遂因積薪而縱火自焚火熾寇追人驚散莫能救或有聞厲罵聲者寇退家人逐得函骨以葬今其鄉老尚能偹言之而誌其曽孫珮之墓者嘗追考其先德亦曰其祖母謝以元季兵亂不屈志自焚死則其事為有徵矣嗚呼學問之士生文教聲名之世居衣冠禮樂之區有事當守死以善大閑誠分内事也然徇乎俗而遷汝者往往十嘗一二至怵於威

而披靡者又奚啻六七哉若謝以一裙布徒以其天資
之明不為俗所徇其志義之激不為威所怵從容計死
坐猛烈中就萬苦以存一貞白不獨為學問不守死者
之愧比之自經自刎以全其節義者志雖同而事之難
易則有間矣世已隔越言其事尚覺有煨燼之英馨皷
烈風于海上使狂瀾逆濤注之東而不敢西下也凜乎
壯哉孟儀會試南宮具狀来請表其塚上之右余以謝
之奇偉在天地間炳如日星自有不容泯者而史之取
信世之取法則有待於是焉在余又職列史氏義不得
辭用序其事表之為烈婦云

崑山州作新婁侯廟事狀　殷奎

婁侯廟者祀吴将軍張文侯昭丞相陸昭侯遜及昭子揚武将軍休也按三國志漢建安二十四年孫權以陸遜為右護軍鎮西将軍封婁侯吴黄龍元年以張昭為輔吴将軍改封婁侯嘉禾五年昭卒少子休襲爵據今崑山本古婁縣張陸三侯實國于此質諸祀典後世宜有血食之奉而廟貌缺然千有餘年莫之有舉至正十三年冬十二月知州偰侯斯始覧圖志考典禮慨然嘆曰忠臣烈士之祭有國之所崇奉今歲所下赦書廟宇損壞俾之修葺臣斯幸得承乏此州有如昭遜公烈光

于史冊而國泯世遠遂失舊君之祀甚非明昭所以奬勸忠臣之意即下令以赦書從事迺相州城東北三里婁縣故治有叢祠一區撤而新之者三侯冠服之制像設其中文侯昭侯並位南面揚武西向侑坐又合廟左佛廬四程為祠祀齋室俾里人教授其間繚垣四周前為崇門題曰婁侯之廟閱明年十月某日侯率僚友具牲幣以落其成顧羊豕所麗石未有刻辭謂奎嘗叅預茲議使狀其事始末以請文于作者奎觀僕侯是舉所以崇典祀去淫祠風厲臣子之盡忠將順朝天之美意皆可書也作為歌詩鐫之樂石以示永久禮亦宜之故不辭

而為之狀若夫三侯德業之詳則有吴志本傳在

鄭宜君事狀

鄭文康

鄭氏諱慶字宜君宋華原郡王居中裔孫生長儒家温惠塞渊年十八嫁邑庠生彭應德及期而夫病再期而夫卒其間蓼辛荼毒充牣心腹至是踴咷仆地莫知所圖以胸煖其屍凡三晝夜屍温家人奔告如狂謂其復甦蓋由宜君近之以（有）生氣也迨歛無以為計直呼曰天来尔偕我往不絶口者又四日竟潛自沉後應德裁六日年二十一嗚呼痛哉武陵龔鈍菴詡為傳其實有司上其事未報祖以敬文肯林俱無仕者有孤曰永春始

二歲應德兄應節以其年月日合葬於南城齊禮坊之墓竊謂非名筆撰志銘垂示後世殆不可謹為之狀請焉

[illegible]

[illegible]

焉

李節婦傳　　陳潛夫

節婦李名惠蘇之崑邑人[illegible]水德之妻也幼專靖不妄言笑聞女以貞烈著行者則忻然慕之年十九而嫁嫁二年而寡即屏去繁飾誓死以守義服闋里人爭以禮聘者至十數不爲之變媒氏則以言動之曰夫人年少而無子其如衰老無托何節婦毅然曰是誠何言夫天也天可二乎夫不壽子無有命也吾知守義而已安知

其他若亟去無汙我遂引繩自經賴其姊護之得不死
聘者遂止洪武癸丑其宗以事繫
京獄同產當連坐邑吏之任事者以勢要之曰若適人
則可存李氏後不然俱蹈禍無爲也節婦怒曰若然則
禮義可以危急棄也吾志決矣雖萬被誅戮無悔也至
或有勸其無以居孀對者節婦不之從一以實對上官
高其行以
聞得護送還家業已沒于官無所歸矣節婦依貸所親
僦屋而居紡績縫紉以自給其兄姊之孤女嫁而寡者
嫁而失所依者幼而未有歸者咸聚而食之閨門雍睦

泊如也節婦年若干距夫卒已廿四年矣

贊曰吾嘗觀古節義行事凜在人耳目意謂天地剛正之氣流行乎兩間其鍾於人者固不以古今異也是何今之世獨無有哉李氏誓死以守義當流離顛沛之際言論慷慨益久愈堅毅然有丈夫氣謂非得天地剛正之氣可乎彼朝哭其夫而志已他往聞李氏行事而不之慙者無人心者也故為傳其事以俟觀風者采焉

## 薛烈婦傳　鄭文康

城南薛烈婦崑山半山橋人父為銀工嫁縣小吏某為妻洪武初小吏坐死法京司差卒人提取烈婦時年二

十餘蒙垢莫能掩其麗將行卒見悦之謂小吏曰若欲生致都下盍使事我否則若命盡在中路小吏懼曰如命乃密呼烈婦語故使從烈婦曰吾身潔汙君不可得復生矣佯應曰諾是日盛備酒饌飼小吏暮歸遂經於粉閣中即當時之粉閣也

論曰予表姑葉年九十所居與小吏家隔一垣嘗識烈婦其小吏則忘之矣然家有粉閣彼遺業必尚可淡泊守也奚以吏爲其身既自爲惡又使妻不善其陷大戮宜也差人不監小吏爲前車覆盡〔禍〕有日獨借銀工有此令女托之非人使少有張員鄭鑒之見安至是乎噫君若

議昏之初可不慎哉可不慎哉

## 葉秀實傳

王直　吏部尚書

葉氏崐山大族而秀實尤樂善急義雖泊然布素於義所當爲與惡之當去毅然自任而不回蓋有古豪傑之遺風元之末世方谷珍亂海上小人秉時相延而起善良被禍崐山福嚴寺僧有提點與其徒昌都寺等亦聚無賴殺人肆焚刼畧財物子女敢拒者驅而錮之舟中焚于嚴泖溝以威脅其人有司不知所爲賊勢漸張禍且及秀實秀實姻家金某刺知之賂以重貲乃得免秀實憤曰鼠輩敢爾今吾雖幸免恐視鄉人罹其毒不剪

除之又一谷珎也陰募勇敢士得徐章一等若干人經畧已定乃以賊焚刼之跡繪為圖上之當路率衆掩捕盡得之無脫者官爲窮詰皆伏辜而有提點實先瘐死秀實闍之曰佛法重闍維戲作舉火文以着其悪鄉里称快至今多能誦之者焚刼畧有副蔵於家秀實孫道茂以授孫春[redacted]曰尔高祖備衆善此其一也而鄉里實賴之不可以無傳春使其子兵科給事中㦤請於余余觀自古禍亂之與必曰小人竊發於下世無豪傑掃除之遂寖成亂階秀実之功偉矣豈非豪傑之士哉當其舉事時志在除悪激於義而已傳不傳非所計也而春父子

汲汲以副不朽記曰先祖有善而弗知不明也知而弗傳不仁也春父子可謂明而仁也以故論著之

論水利書　　　　郟亶

天下之利莫大於水田水田之美無過於蘇州蘇州屬邑莫過於崑然自唐末以來經營至今終未見其利者其失有六今當去六失行　得所謂六失者一曰水性就下蘇東枕海北接江但東開崑山之張浦茜涇七丫三塘而導諸海北開常熟之許浦白茆二浦而導諸江殊不知此五處者去水皆遠百餘里近亦三四十里地形頗高高者七八尺方其水盛時決水則或入江海水

稍退則向之欲東導於海者反西流欲北導於江者反南下故自景祐以來屢開之卒無効也二曰蘇之厭水以其無隄防也故崑山常熟吳江皆峻其堤岸設官制兵以巡治之是不知塘雖設而水行於堤之兩旁何益乎治田故徒有通往來禦風濤之小功而無備民田去水害之大三曰書云三江既入震澤底定今松江在其南可決水而同歸於海崑山之下駕新洋小虞大虞朱唐新瀆平樂戴墟等十餘浦是也殊不知諸浦雖有決水之導未能使水之必泄於江也何則水方汗漫與江俱平雖大決之而限防不立適足以通潮勢之衝急

增風波之洶怒耳四曰蘇州之水自常州來古者設望亭堰所以禦常州之水使入大湖不爲蘇害謂望亭之堰不當廢也殊不知蘇聚数郡之水而常居其一常之水数路望亭居其一豈一望亭之水而能爲蘇之患耶故望亭堰廢則常被其利而蘇未必有害存之則蘇未必利而常先被害矣故治蘇州之水不在乎望亭堰之廢否也五曰蘇水所以不洩者以松江盤曲而决水遅也古之曲其江者所以激之而使深也激之既久其曲愈甚故漕使葉内翰開盤龍滙沈諫議開顧浦謂松江之曲若今槎浦及金竈子等浦皆可决也是説僅爲得

之但未知蘇之水與江齊平決江之曲者足以使江之水疾趨於海而未能使田之水必趨於江也六曰蘇本是江海陂湖之地謂之澤國自當漫然容納數州之水不當盡爲田也故國初之稅才十七八萬石今乃至於三十四五萬石是障陂湖而爲田之過也是說最爲疎濶殊不知國初之逃民未復今乃盡爲編户稅所以昔少而今多也借使變湖爲田增十七八萬爲三十四五萬乃國之利何過之有且今蘇州除太湖外止有四湖常熟有昆承二湖崑山有陽城湖長洲有沙湖是四湖者自有定名而其濶略不過十餘里其崑山之所謂斜塘

大泗黄瀆夷亭高墟巴城雉城武城夔家江家栢家鰻鱀等瀼及常熟之市宅碧宅五衢練塘等村長洲之長蕩黄天蕩之類皆積水而不耕之田也其水之深不過五尺淺者可二三尺其間尚有古岸隱見水中俗謂之老岸或有古之民家堦甃之遺址在焉故其地或以城或以家或以宅爲名嘗求其契券以驗雲皆全稅之田也是皆古之良田而今廢之耳已上六説者皆執一偏之論而未能通其理也必使治之固當去其六失行其六得曰辨地形高下之殊求古人蓄泄之跡治田有先後之宜興役順貧富之便取浩博之大利舍姑息之小

患也一何謂地形高下之殊曰蘇州五縣號爲水田其實崑山之東接于海之崗隴東西僅百里南北僅二百里其地東高而西下向所謂東導於海而水反西流者是也常熟之北接于北江之漲沙南北七八十里東西僅二百里其地皆北高而南下向所謂欲北導於江而水反南下者是也是二處皆謂之高田而其崑山掆身之西抵于常州之境僅一百五十里常熟之南抵于湖秀之境僅二百里其地低下皆謂之水田高田者常欲水今水乃流而不蓄故常患旱也唯若景祐皇祐嘉祐中則一大熟耳水田者常患水今西南既有太湖數州

之水而東北又有崑山常熟二縣堈身之流故常患水也唯若康定至和中則一大熟耳但水田多而高田少水田近於城郭爲人所見而税復高田遠於城郭爲人所不見而税復輕故議者唯知治水而不知治旱也二何謂古人蓄泄之跡曰今崑山之東地名太倉俗號堈身堈身之東有一塘焉西徹松江北通常熟謂之横瀝又有小塘或二里或三里貫横瀝而東西流者多謂之門若所謂錢門張岡門沙堰門吴堈顧廟堈丁堈李堈門及斗門之類是也夫南北其塘則謂之横瀝東西其塘則謂之堈門堰門斗門者是古者堰水於堈身之

東灌溉高田而又爲堈門者恐水之或壅則決之入橫瀝所以分其流也故堈身之東其田尚有丘畝經界溝洫之跡在焉是皆古之良田因堈門壞不能蓄水而爲旱田耳堈門之壞豈非五代之季民各從其行舟之便而廢之耶此治高田之遺跡也若夫水田之遺跡即今崐山之南向所謂下界小虞等浦者皆決水於松江之道也其浦之舊跡闊者二十餘丈狹者十餘丈又有橫塘以貫其中而棊布之是古者既爲縱浦以通於江又爲橫塘以分其勢使水行於外田成於內有圩田之象焉故水雖大而不能爲田之害必歸於江海而後已以

是推之則一州之田可知矣故蘇州五門舊皆有堰今俗呼城下爲堰下而胥門猶有舊堰之稱是則隄防既完則水無所瀦容設堰者恐其暴而流入於城也至和二年前知蘇州李侍郎聞崑山塘而得古閘於夷亭之側是古者水不亂行之明驗也及夫隄防既壞水亂行於田間而有所瀦容故蘇州得以廢其堰而夷亭亦無所用其閘也爲民者因利其浦之闊壞其旁以爲田又利其行舟安舟之便決其堤以爲涇今崑山諸浦之間有半里或一里二里而爲小涇命之爲某家涇某家浜者皆破古堤而爲之也浦日以壞故水道湮而流遲涇

日以多故田堤壞而不固日蔡月壞遂蕩然而爲陂湖矣此古人之跡也今秀州濱海之地皆有堰以蓄水而海塩一縣有堰近百餘所湖州皆築堤於水中以固田而西塘之岸至有高一丈有餘者此其遺法也獨蘇州壞之爾三何謂治田有先後之宜曰地勢之高下既如彼古人之遺跡又如此今欲先取崑山之東常熟之北凡所謂高田者一切設堰瀦水以灌溉之又浚其所謂經界溝洫使水周流於其間以浸潤之立堈門以防其壅則高田常無枯旱之患而水田亦減數百里流注之勢然後取今之凡謂水田者除四湖外一切罷去其其

家汪某家浜之類循古今遺跡或五里七里而為一縱浦又七里或十里而為橫塘因塘浦之土以為堤岸使塘浦深而堤岸高厚塘浦闊深則水通流而不能為田之害也堤岸高厚則田自固而水可擁而必趨於江也然後擇江之曲者若所謂槎浦金竈子浦而決之使水必趨於海又究五堰之遺址而復之使水不入於城是雖有大小不能為蘇州之患也如此則高低皆利而無水旱之憂然後倣錢氏遺法收圖田之利養撩清之卒更休迭役以浚其高田之溝洫與水田之塘浦則百世之利也四何謂興役順貧富之便曰蘇州五縣之民自

五等已上至一等不下十五萬户可約古制而户借七月則歲約百萬夫矣又有三等已上至一等不下五千户可量其財而取之則足以供萬夫之食與其費矣夫借七日之力故不勞量取財於富者故不雹以不勞不雹之役五年而治之何田之不可興也五何謂取浩愽之大利蘇州之地四至餘三百里若以開方之法而約之尚可坊二百餘里為田六同有畸三分去一以為溝池城郭陂湖山林其餘不下四同之地為三十六萬夫之田又以上中下不易再易而去其半當有十八萬夫之田常出租稅也國朝之法一夫之田為四十畝出米

四石則十八萬夫之田可出米七十二萬石矣今蘇州止有三十四五萬石借使全熟則常德三十四萬石之租又況因水旱而蠲除者歲常不下十餘萬石而甚者或蠲除三十餘萬石是則遺利不少矣今或得高低皆利而水利無憂則三四十萬之稅必可增也公家之利如此則民間從可知也亦何謂舍姑息之小惠曰是議之興或者必曰向者蘇州或治一浦或調一縣而役月則民勞且怨矣今欲盡一州之境役五縣之民五年而治之其功力蓋百倍於向時是役未興而數千百萬之民已嗷嗷矣非養民之道也曰向者之興役也多興於

大水方盛之際，是時公私匱乏，疾癘間作，故民勞且怨也。今或於平歲無事之時借力以成利，何勞怨之有？傳曰：「使民以時。」又曰：「以佚道使民，雖勞無怨。」又曰：「悅以使民，民忘其勞。」是雖至治之世，未嘗不役民以使之也。唯近世不求所以養之之道，使躋富庶，但務其姑息之末，使至於飢饑而不能相生，然後又從而賙之，故上之而下益困。有可以除數百年未去之患，興數百里無窮之利，使公私皆獲其利，豈可區區計國家五歲之勞，借百姓七日之力耶？

與顧仲瑛書　時刊崑山續志　郭翼

九月一日翼再拜向嘗見續志所書事跡往往惑於畢下襍亂無取昔楊子雲作法言拒富者之金曰圈中之鹿闌中之羊何以名爲而陳壽乃求米作佳傳尚得爲信史耶令必痛加繩削正其謬誤然後網羅漏失振發幽潛爲一州盛典豈不偉歟夫一才一善人所難能生而積學白首而成者十無二三不幸老死岩谷又蔑蔑無聞者良可憫哉然貴者可信而易云賤者隱而難顯易云者人皆傳之難顯者人皆略之此人之常情也春秋美君子樂道人之善所以使天下皆去惡爲善此磊落喜事之人立言著書以垂後世蓋謂此也予自兒時

目覩諸老先輩先生及歷歷耳聞者或仕或不仕其才德文章書法畫品雖高下不齊要皆百年以來育德成材固非一朝一夕所能致也若方外之清流閨門之貞節是皆灼灼可書固不可有所忽畧而棄置也竊見崐山人物之盛非他州所及江海所傳士君子之所稱道非人賂千金家置一喙而使之然也蓋薰陶漸染有所自來昔聖人稱子賤為君子而曰魯無君子斯焉取斯故敢列而陳之竊不自揣其言之可信與否惟執事察之有耆儒碩李李季高蓉月先生衛培月山先生三山鄭漁溪陳愛山或典章老成或經李傳聞皆表表模楷師儒之宗也有文章之流若俞翠峯之超逸施林塘之風騷秦[illegible]惠[illegible]之重厚汪[illegible][illegible]載之深沈文質學古之

奇放馬庸敬常之秀麗皆士林尤著者也若楊譓東溪之著述盧君華之教子朱翺仲翔之標格觀彥達之淳古俞日疆彥莊之文學李簡士廉之清介又不可以偏長而廢棄也士大夫之族則朱旭次山之好古博雅朱仲高之倜儻愛客張心田之能書能畫顧仁山之恬退守業馬廷玉君瑞之好文雅楊仲元伯振祖成之世其家易萬山之吏隱顧信善夫之墨妙及予朱都水妻弟氏之貞節殷奎大章葬其祖伯堂之畫禮書之皆可以激厲流俗而有補於名教者也鼓琴之妙則宋尹文文壁為之魁申屠雲岩秦德齋王彥明楊景文又皆鏗鏘於淅操者也才外詩僧則大無外者省夔菴者理獨閑者庚西白者器大用者慶雲岀者皆齊已靈轍之流也顔悅堂編蒲之有室栢子庭不繫之舟有寶雲海之宗秉亮盧白之啚畫秉白雲之千林閣莊蒙泉之大寶洲方之高僧無與倫比道士則殷在山章句可推蔡雲谷驊麗可法張虛谷之飄然高舉楊春雲之多藝多才是又不可以其疎遠而棄之也題詠紀述則大成殿玉芝之有詩靈慈宮禳運之有記以至齋館之銘塚墓之碣一言一詠皆名流閙士聚精會神極其盛者今也因其所稱不没其實若袁華子英之高節樓瞿智惠夫之壽

崑堂姚文奐子章之書聲秦約文仲之鶴塚張師賢希顔之芝蘭室吕誠敬夫之來鶴亭盧仲貽伯融觀雲之軒陸仁良貴乾一乾之室盧熊公武之鹿城隱居古人云境因人勝此皆一時之出群之材其文章節槩固非泯泯默默而已者又若顧權伯衡顧蕙善子達嚴寅孟賓項篤叔馭俞善復初皆進進而不已者誠非他郡所可彷彿也凡此皆考其事瞭然明白所謂不可傳于今必傳于後萬萬無一可疑者夫農工醫卜亦有可觀況其才學足以名當世德業足以為人望而焯然高絶者乎然古人亦以名過其實者惟在執事信而行之持至公之論去常人之見念聖人才難之嘆樂春秋與善之誠無一毫撫疑以自沮則舉佚舉子之事不專美於前矣方今之時人皆以縱横自高或偷安自恣獨執事以論載事為直使卦名其中自託不腐又欲使諸名跡傳之無窮此誠磊落喜事者之為也誠如是也雖執事之玉山草堂無一字之褒亦將有以識傳於後世也區區之見忘其陋愚遂言其槩伏惟更加搜訪使滄海無遺珠之嘆惜乎時不可失也惟執事諒之

崑山志卷十二

# 崑山縣志卷十三

文林郎監察御史邑人顧潛編輯

## 詩集

### 馬鞍山上方

孟郊唐人

昨日到上方，片霞封石牀。錫杖莓苔青，袈裟滐松柏香。晴磬無短韻，畫燈含永光。有時乞鶴歸，還訪逍遥場。

### 馬鞍山惠聚寺

張祜唐人

寶殿依山險，凌虚勢欲吞。畫簷齊木末，香砌壓

雲根遠影窓中岫孤煙竹裏村憑高聊一望歸思隔吳門

和前韻　王安石宋參知政事

僧蹊蟠青蒼莓苔上林㭝露翰飢更清風蔕遠亦香掃石出古色洗松納空光久遊不忍還迫追冠蓋塲

峰頭互出没江湖相吐吞園林浮海角臺殿擁山根百里見漁艇萬葳水村地偏来客少幽興秬桑門家

和前韻　林郃

山中多白雲雲氣歸如呑目無塵埃汚耳足清淨根僧歸踏層徑鳥還迷孤村来過人跡少無客掃松門

山僧龎眉蒼翻經坐禪林層軒豁遠目靜室便異香微風仙籟響過雨晴嵐光何須向廬阜此即真道場

和前韵　傅宏

脩頂磨穹蒼雲煙雜古林僧飯鍾聲遠仙風桂

子香老檜有寒操怪石多冷光俯瞰城郭人䆪
䆪名利場
遠望陽城湖八九雲夢吞白雲宿殿鎛青蘚埋
松根樵唱林間路漁歌寺外村避喧嗜飛閣未
右叩禪門
和前韻
千山貯雲房缾鉢安空林野籟有真響天葩無
世香巢鸛羽翎老睉僧眉宇光此外足憂喜勞
勞榮辱場

一寺皆樓殿雖容向此呑雲霞終日影檜柏幾年根檻俯水煙國磬傳鷄犬村倚窓翻貝葉宴寂屬空門

和前韻　蔣瑎

野曠吳天杳江浮楚夢呑桂香飄露葉松古兀霜根碧蘚它州樹黃蘆何處村世塵飛不到清磬落空門

依崖架僧坊徼、冐經林閑睨滄海潮幽聆諸天香遠水瀉空碧層軒逗寒光頗言寄莫齒永訣

聲利場雲

和前韻　范公武

散策欲薄暮疎鍾猶殷沐風煙函古趣岩壑生幽香仰首逼象緯俯視渺川光向来非突兀幾成虎豹場

飛閣臨無地巨區可平吞高岩聳怪石老木纏雲根人散魚鰕市帆歸葭葦村每来谿壓處不妨頻款門

和前韻　高啟

鳴鍾警迷方枯僧兀趺牀石姿生寒稜松子落古香殿鎖山雨氣楼迎海瞰光遥望蒼蒼城愁是車馬塲烟歛城初出潮来野欲吞危樵緣磴角倦衲憩松根刹表藏林寺鍾聞隔海村畫龍飛去久空掩殿堂門

和前韻　蒲壁

入山倦幽討脫屐坐雲牀流泉近無蹤幽花遠逾香春陰玉掩氣龍去珠秘光嗟哉刧火餘蕭

蕭空鹿場

登山望瀛海日月相吐吞神遊造化表坐見天地根霞明水上樹烟動江南村興闌下山麓月掛青蘿門

和前韵　仲弁宗人

凭欄情不淺盡日倚胡林雲散它山雨風来古殿香一川横晚照重閣枕秋光欲寫無窮意詩凡不擅場

迎宵山吐月不受寸雲吞看影篩林杪移樽籍

石根參差明梵刹一二數烟村髙處僧眠未攜
節試扣門
登玉峰　陳省華
四望平川獨一峰峰前瀟灑是蓮宮松聲竹韻
千年冷水色山光萬古同客到每憐樓閣異僧
言因得鬼神功縣民遥喜行春至鼓腹閑歌夕
照中
又　范周
萬疊青鴛壓巨崐四空闊水天分夜光晴帶三

江月春色陰蔵百里雲桂子鶴驚空半落天香
僧出定中聞不将此境評張孟三百年来属老
文垂

又　夏元吉 戸部尚書

崑阜遥看小一拳登臨渾欲接青天神鍾二陸
人材秀勢壓三吳地位偏巖溜下通僧舎井林
霏近雜市廛烟幾時重著遊山屐来訪當年種
玉仙

片玉峰高翠欲流更窮絶頂望神州天開西北

風雲合地折東南日月浮灌木水村烏亂下長林樓觀鳳曾遊于今風物非疇昔萬井烟花碧海頭

又　　陳則戶部侍郎

故舊相違西海東登臨偶得此時同鐘聲響落松陰外帆影来從海氣中山鬼洞寒鎖刼火石僧龕古閉香風可憐節届重陽近斜日秋明萬葉紅

又　　沈以潜太醫院判

嵯峨千仞矗凌空滄海西来茂苑東勢轉江流

三里外翠分嵐影半城中岩前有洞仙家近溪

口無花釣艇通聞説遊人茅屋底捲簾相對詠

無窮

又　　　　　　　　吴寬禮部尚書兼翰林院學士

崐岡玉石未俱焚古樹危藤帶白雲小洞烟霞

藏术客下方簫鼓賽山君千家居屋黄茅盖百

里行人白路分更上雙峰最高處滄溟東去渺

斜曛

又　馮允中監察御史

拄漢撑空翠削成石楹誰易玉爲名根蟠吴楚江淮坼地占東南秀氣并層閣鶴巢增突兀上方龍護易陰晴憑喚起王摩詰詩画從容細與評誰

題玉峰　吴祺知縣

卓哉奇絶峯佳氣時融融孕兹一方秀屹爲諸山雄下極人楚麗中藏石玲瓏流盼曠原壤信知造化工

新晴登玉峯塔院　滕繼宋人

一水浹辰外乍晴如酒醒臨溪照淨綠陟巘到高青翠靄俯深樾黄雲迷遠垌超然信塵表風袂襲泠泠

孫寔

絶頂地平易軒窻風怒號半空垂象緯四面湧波濤洞僻荒苔蘚泉深冷骨毛登臨欲忘返城市厭塵勞

題古上方　梁貴

偶穿謝屐上層巒一洗塵埃眼界寬山色不隨
今古異森羅猶覺助郊寒
又　　　　　　　　　　　邵彪
淩雲細路險可遵稍從飛錫攀嶙峋鳥巢崔嵬
寄林莽蟻穴細碎嚴君臣震開樓閣一彈指俯
覽世界十微塵人間刼火變滅盡此地獨與湖
山新
上方翫月　　　　　　　　蔣睎顔
明月自當千里共如何獨得占嬋娟秪應飛閣

侵天半幽外誰能近月邊

慧聚上方

小橋官樹緑無央袖手東風日正長料理只今誰到我秖宜煎茗坐僧房

慧聚寺　　李堪

古寺有遠名欲遊先夢生飛猿澗底嘯靈鳥雲間鳴影密樓臺衆香繁草樹榮何年照佛火燦燦長光明

宿慧聚寺

石林高月生薜閣踈磬鳴宿鳥夢難就定僧魂更清香風動花影岩瀑飛玉聲逢夜坐来短但餘天外情

慧聚寺東亭　　張方平宋參知政事

夜色秋光共泬寥水村籬落晚烟交拄筇回就下山路行看斜陽隱樹梢

題慧聚寺　　蔡準

雪晴山色一重重因暇尋幽訪古蹤神疊石基成寶殿柱圖靈品感真龍僧居漸遠林間地客

枕曽聞月下鍾會得登臨便無事門前流水照
青松

慧聚寺　　楊備

駐錫棲雲石室中樓臺一片畫屏風禪師道德
知多少不爾山神肯助工

遊慧聚寺　　則之𣏌老

壓雲開半殿寶炬耀金幢峭峻山無對玲瓏寺
不雙鍾聲清戀塢林影冷摇窓老媿詩魔在登
臨詎易降

題崐山新遷華藏寺

易恒　邑人

玆山眞海堧高處宅金仙歷刼浮圖聳經時古寺遷烟霞深一徑樓閣近天諸翠積祇園樹蒼髻華嶽蓮巨鼇當勝地孤鷲起平川玉氣陰晴見燈光晝夜傳空花皆是幻水月不離禪莫景飛蓬逝餘光落照懸獨尋方外友已斷世間緣坐久談玄理松花落塵前

崐山初秋觀稼回縣署與同寮及示姑蘇

幕府　張方平

邑民三萬家，四邊湖海遶。家家勤穡事，市井游少荐。歲逢水沴飢，勞何擾擾。我来忝撫字，見此心如搗。去秋佳有年，髙田尚停潦。今幸風雨調，皆話天時好。春喜鵲巢低，夏更蟬聲早。吴民以此候旱潦飢穰。拏船袂參差，蔚岸縈回繚。蓺揷暮更急，車聲達清曉。紡筥猶掛壁，何暇張魚鳥。我時行近郊，小艇穿萍藻。渚長葭亂深，野沃䆉稏倒穤。子遠餉歸，閒暇顏色飽。預喜省敲笞，租賦可時了歸来軒館清曠蕩盈懷抱衙退人吏散庭廡閒窈窈露篠映孤亭風荷動幽沼置身木雁間茲馬願終老顛蹶走榮利况余拙非巧鱸鱠飯紫芒鵞脂酒清醥紫芒鵞脂稻名悵然懷友生虛齋為誰掃

壓雲軒　張景脩

白雲原未高香砌等林梢側脚随山径低頭認鶴巢客清茶破睡僧瘦筍供庖詩句非吾祖何人繼孟郊

壓雲軒依張朝奉韻　李乘宗崑山令

路峻山窮頂巖低木露梢半天脩日觀一室分枝巢帆去歸漁市鍾来報寺庵世間榮悴事寒暑轉烟郊

又依朱秀才韻

金閶山頭闢一軒軒間身世兩超然揩臨霭霭張公市簷接青青廣樂天風聒近林容虎嘯雨腥低洞有龍眠坐看起處分明甚不羨王維到水邉

又　　則之彝老

闌干横礙鳥飛遲砌下危根老更奇僧在上頭
忘歲月不知山腳雨多時

又　　胡清宋人

誰構危亭壓翠微畫簷直與暮雲齊有時一片
巖隈起帶與老僧山下歸

凌峰閣　　李乘

海上飛来據馬鞍靈鼇獨坐碧孱顔幾年真宰
雕鐫就盡日高僧指顧間去市紅塵三里遠供

人青眼一軒慳半峰有窟龍為宅雲在簷頭忽
往還

又　冲邈

締構擁蒼岑空林一徑深嵐蒸四壁潤雲鎖半
窗陰都寂世塵影但清天籟音右教支遁買應
倍沃州金

夕秀軒　李秉

逍遥金地與人疎山靜風光碧有餘開築當年
看錫卓焚脩今日聽星居靈株瑞草人難識明

月清風室更虛坐久半天瓊珮響泠泠此理屬
真如

又　　　　　　　　　　　　　　　郭章宋人

柳暗西津橋步斜長川練練右縈蛇晚来不為
東風惡與子留連待月華

翠微菴　　　　　　　　　　　　　李秉

勝境增添豈偶然已前無屋事金僊巨靈擘到
三千丈嚮老基来八百年遠遠別山来白足重
重峻宇出青蓮端嚴石像菴猶在右箇尋菴復

坐禪

月華閣

依稀瑤徑通雲隙薜石糢糊數千尺昂者如飛
俯者馳疊疊寒空翠光滴影高中逗日月輝陰
助草靈春不識王屋壼中體淺深来者增添愛
山癖有人隱几每忘飢姓名自娓樊中客結廬
縱擬續琴歌卻憶猿驚舊山側

東齋

峭絶山根野水傍闌干瞰水有山房魚藏似識

秋風冷僧䏿那知世路忙金磬一聲清戀竹石
磯数級碧皺霜恥罍未忍輕歸去班嗣垂綸此
興長

又依向主簿韻

鷺飛萬頃碧光中楚楚緇廬枕水窮事外有緣
三逕遂眼前無九霄通轉山僧過節攜雨載月
漁歸席掛風一切世間虛幻事隔堤請看數枝
紅礙

巖陰堂

寒篝高懸絶點埃貯藏秋色枕山隈僧眠石室衣生霧客步莎庭跡苔印占竹鴛雛容得老採花蜂蝶枉教來澄懷觀道如癡者兀坐忘歸忽自咍

慧照堂

眼亦不碌碌耳亦不碌碌雲外野鳴幽霜中歲寒緑何必面南山真理明明足客問慧照名僧拈一枝菊

少林堂

無欠無餘丈室幽鷄鳴而動晦而休利名涉處
塵塵熱香火緣中日日秋秬解結跏臨竹石懶
将乂手對公侯有人来問禪宗旨告道明明百
草頭

素琴堂

長官鬓已星強持牧羊箠故山荒草堂為貧不
知恥衮衮敲朴庭纓裾漬塵滓子賤敬可髙七
絃不離指今日到僧房陰森翠堆几數拳解巑
岏一泓且清泚瑞草不知名芬莪勝蘭芷天籟

更自然世音亦何俚長官趣如何依稀琴在此
迂思子賤琴未免尚宮徵彈與不彈間一切聊
爾耳兀坐縱無言湯湯寓流水

又　鄭僑宗人

素琴之堂虛且清素琴之韻淪杳冥神間意定
默自鳴宮商不動誰與聽堂中道人骨不俗貌
勝形端顏瑩玉我嘗見已醒心目寧必絲桐弦
斷續嗚呼靖節已死不復聞成虧相半疑昭文
阮手鍾耳相吐吞素琴之道詎可論道人道人

聽我語紛紛世俗誰師古金徽玉軫方步武扈堂榜文無自苦

翠屏軒　李乘

軒對南山畫不高山迎軒聳展如屏高低樓閣安三寶向背峰巒荷五丁秋雨松林成水墨春風花谷具丹青誰人坦腹来高枕笑傲羲黄任醉醒

連雲閣

搖搖曳曳白雲軽簷外多般弄晦晴龍與去来

無定影僧将舒卷伴真情雪留瑩徹層霄在雲散森羅萬象清試問主僧還解否毘耶消息甚分明

西齋

老後名山付卧遊宗少文傳偶攜謝屐此尋幽每思南岳嘲周子何暇東林訪惠休苔護出生蒼石老竹供延客碧雲秋主僧不用貪行腳柆此林間可白頭

西菴

野蔓盤青上短簷客来徑草旋鋤芟禽飢聞磬
来趺砌僧飽携筇過别岩茶鼎引烟熏紙帳竹
窓漏月射經函西菴門外如何景杳杳寒泾一
葉帆

訪翠微邈上人　　　　　　　　　　　　郟僑

行客倦奔馳尋師到翠微相看無俗語一笑任
天機曲沼澹寒玉横山鑠落暉情根枯未得愛
此幾忘歸

過慧聚訪凌峰閣賢上人

步入湊峰閣尋師師未歸凭欄寂無語唯見白雲飛

和張敏叔壓雲軒韻　冲邈

礎潤蔵雲族簷虛壓樹梢經常逢夜講齋不過中庖有井龍應蟄無泥燕不巢登臨增野興四顧盡寒郊

又　朱穀

行行身漸高長袖掠花梢一線道縈鳥千年居等巢地嚴金襯步天近玉分庖撫掌栖松鶴鶩

飛雪點郊

予頗嗜怪石它處往往有之獨未得崐山者拙詩奉乞且發自强明府一笑

曾幾

崑山定飛来美玉山顛有山祗用功深剜劃歲時久崢嶸出峰巒空洞閑戶牖幾書煩置郵一片来入手即令製錦人在昔伐木友嘗蒙投縞段尚闕報瓊玖柰何不厚顔尤物更乞取但懷相知心豈憚一開口指揮為幽尋包裹付下走

散帙列岫窓摩挲慰衰朽
　表子英来承惠崐山小峰峭絶可愛敬賦
　詩厠諸閶州瓢松化石之間云
　　　　　　　　　張雨元人
昆丘尺壁驚人眼眼底都無嵩華蒼隱右連環
蜿仙骨重於沉水辟寒香孤根立雪依琴薦小
朶生雲潤筆牀與作先生怪石供袖中東海右
為蔵
　崐丘　　　　　　楊備

雲裡山光翠欲流當時片玉轉難求卞和死後無人識石腹包藏不採收

豐年亭　無名人

結宇近青天飛檐壓翠巔穩同平地住高與白雲連賔席俯農屋歌聲落釣船行人瞻望處皆曰是豐年

芝華亭　淳熙丙甲創於吉上方後　龔明之　宋宣教郎

誰道休祥繫上穹民心元自與天通政平訟理為真瑞何必金芝產梵宮

題馬鞍山寺　葛次仲

全吴臨巨溟皮日休青山天一隅李頎静境林麓好陸龜蒙勝槩凌方壺李白泓泓野泉潔韋應物曖曖烟谷虚韋應物攀雲造禪扃韋應物躋陰築幽居謝靈運道人刺猛虎李白復来雜榛蕪杜甫咄嗟檀施開杜甫以有此屋廬韓愈側疊萬古石李白功就豈斯須賈島磥砢成廣殿陸龜蒙鬼功不可圖皮日休有窮者孟郊韓愈過此亦躊躇孟郊賦詩留岩扉李白詞律響瓊琚錢起我訪岑寂境陸龜蒙幸與高士俱韋應物時升

翠微上李白涼閣對紅蕖韋應物岸幘偃東齋韋應物杲藥雜芬敷韋應物上方風景清白居易華敞綽有餘白居易高窓瞰遠郊韋應物萬壑明晴初齊己賞愛未能去韋應物頹霞照桑榆宗孝武老僧道機熟柳宗元閒持貝葉書柳宗元秉心識本源杜甫高談出有無李白茗酌待幽客李白頓令煩抱舒韋應物儒道雖異門孟浩然意合不為殊李白抖擻垢穢衣白居易惟有摩尼珠杜甫餘生願依止賈島投策謝歸途錢起

崐山夜泊舟中遣懷　胡嶧

念昔扶哀別故城敢期身見稍休兵連年防患
秋更急此節浮家夜亦行夢裡不應追昨夢生
前聊復且偷生空中鳥跡誰能記萬古由來一
妄情

泊崐山

疾風欺雨透篷船擁被和衣晝亦眠兒女登臨
餘脚力更隨明月遶山前

過柏家瀼

風雨留人阻去程扶哀上冢過清明百家瀼裡

猶掀簸那得江神不世情

汎舟吳淞江　　葉時亨

短棹東猶落照閒不堪凝望發愁端雁行影沒莫天闊蘋葉香殘秋水寒岐路誤人多險棘風波投足卻輕安白鷗盟在容尋理急辦烟蓑與釣竿

和盖謙老遊馬鞍山　　顧發

青鞋来踏馬鞍山小徑縈紆便往還眺望雙明窮晻靄登臨終日得餘閒冥捜直到風埃外逸

與徐来筆硯閒錢掛杖頭堪一醉歸来隨例帶
酡顔
　待潮顧浦宿畊者張欽舍
海近雲氣昏禹跡開茫茫晴林列障邏什伍屯
平岡頃、七年旱驟見九秋黄要鐮喜復悲泥水
新圃場縣侯初下教官賦無豐荒錯揮製錦刀
戲作編氓創身上催租瘢短褐愁盖藏課為五
縣最薦飛十剡章逡巡掌邦計跬步封矦王江
淮十萬師待飼正頡吭禾麥今已登婦子戒勿

嘗行俟天雨粟飽食均四方遺

題山壁

游塵野馬鼂晴光僧舍無營日正長看罷一枰

天欲暮不知何處起漁榔

和山間壁上陳子忠詩

路轉山根草木香天容水色兩茫茫漁人風裡

數聲笛飛過蘆花幽興長

風蒲水荇度清香兩兩飛鳧隨渺茫目送征帆

掠波去碧天無際暮雲長

題西隱　　趙彦端

西風數客一闌干秋色脩然得細看潦水倍知寒事早夕陽更覺晩山寬小留待月鍾無遽半醉題詩燭未殘憶得向来幽獨處黄精未熟客衣單

雪後飲水慧聚寺

雪後山更佳泠松及脩竹茫然枝上烏伴我夢亦熟陰崖得寒乳夜半勝渌惜無同心人共此一杯玉

樂菴初成　李彥平　宋侍御史

老子平生百不足菴成那管食無肉終朝閉户只讀書四面開窻都見竹

投老菴居百事宜早眠晏起不論時更長睡足披衣坐傾耳林間竹畫眉

夜步東寺之西　范成大　宋參知政事

人家簾幙夜香飄燈火蕭疏照市橋滿縣月明春意好小樓吹笛近元宵

寓居全吴江上　姚申之　宋進士

夜来得酒氣增華興入丹梯月姊家兩首新詩
一篇賦今年不負木犀花
一雨通宵剪菜畦波稜生甲晚菘齊朝来赤脚
語言好醒盃羨有宿虀酒
幅巾蕭散一枝笻身在水雲千頃中抹野亂山
随意碧裊林霜葉可憐紅
築成芋塹那憂飢爨到庖廚真箇窮飽坐西軒
觀物變一甌濃茗一林風
家西小亭名水雲千頃

雲影翻隨宿鴈回斜暉猶帶晚潮来小橋低處
通船過一隊鵁鶄兩道開
峴山吕正之三男子連中神童科盖竒事
也建康嚴别駕為之賦詩某因次其韻
趙德莊
疇昔從公杖屨閑風乎嬉舞水雲間千言自我
一聞悟十駕從渠九折難蚤歲道山應徧住它、
晝戟許誰攀何詞可贈張童子莫忘楊公陽翟
山年

和　　葉衡

三秀標姿纇不凡姓名聯列紫薇閒已知鳳穴梧棲穩誰謂鵬程雲路艱孔釋當年親抱送由莊逸駕定追攀發揮更有文章伯高壓淮南大小山

東禪廊夜二絶　　范成大

淡雲如水霧如塵殘雪和霜凍瓦鱗織女無言千古恨素娥有意十分春

一聲黄鵠夜深歸棲雀驚鳴觸殿扉北斗半垂

樓閣外風幡直欲上雲飛

期頤堂詩 并序　龔明之

余自顧頽齡行将滿百雖曰日薄西山亦當優游以卒歲遂課晁輩作期頤堂於野墅栽花種竹以為佚老之地因賦詩四章以落之

投老歸来萬事休北窓一枕足清幽雖然不得行胸臆幸喜身無卒歲憂

少年已自樂杯觴種秫安排老醉鄉試問幾回

供酒事真成三萬六千場

百事如余與世違一花一木謾兒嬉莫兀兀癡頑老曾覩昇平元祐時欺

不服丹砂不茹芝老来四體未全衰有人問我期願法一味胸中愛坦夷

題縣圃藴輝亭　　周承勛宗崑山令

瓦礫頻年積糊䆉十葦功旋移低地碧頗雜亞枝紅對酒逢寒食憑欄接暖風墻慳天自闊堪

送北飛鴻

疊浪軒　劉攽之　宋人

僧房占一窓幽不見當年疊浪浮湖已為田知幻化律更以教示精修白蓮何日来同社禎石無時不點頭可惜能詩張孟輩卻無一字此間留矮

放生池　盧蒲江

面面清池闊層層翠樹稠短蒲荷與嫩狹徑竹能幽聽展鳥飛起敲窓魚出遊城中那有此一到一遲留

又　　蔡仍

放生池上開軒坐節氣如春屬仲冬閣近波光凝翡翠山連雲氣浴芙蓉仙壇野鶴来巢子石洞長松欲化龍剪燭賦詩清不寐又聽玄館送晨鍾

又

碧水池頭秋水深芙蕖萬柄翠生陰玄田種玉俱成子琪樹開花已滿林道士步虛蒼玉珮仙人吹笛水龍吟西堂風雨清無夢隔竹聲聞擣

藥禽

又　　楊維禎　元儒學提舉

放生池上晚披襟五月涼風草樹陰玉井水寒船作藕葛陂雨過杖成林雙雙共命烟中下瑟瑟蜿蜒夜半吟道人當晝洗硯石自臨青李與来禽

又　　陳庶子

清真觀裡放生池想見芙蕖覆水時龍女踏雲翻錦段鮫人錯翠織風漪香涵水檻三更月露

洗齋宮五色芝惆悵来遊衆芳歇江山揺動為
題詩

又　　郭翼 元人

放生池館信奇哉面〻芙蓉夾座開户外香烟
浮翡翠殿頭雲氣接蓬萊曾聞子晉吹笙過或
遇安期送棗来羽客步虚明月夜珮環鏘玉下
層臺

又　　偶桓 邑人

殿閣峩〻轉夕暉放生池上客来稀麈知羽士

登真去獨見山、汲澗歸雲冷松巢空鶴氅雨荒
丹竈長苔衣野人素有烟霞癖欲向玄關共息
機童

婁侯廟　殷奎咸陽教諭

子布文武才鼎峙非本志伯言社稷臣早定西
龕計覇功照吳甸侯封啟婁地何以慰遺民於
馬崇祭祀

又　袁華邑人

婁泯尚淫祀、廟徧村墟疾病罔醫藥奔走信群

巫椎牛釃酒醴婆娑樂神虞神不歆非類傳記
言豈誣聖人制酒法有功則祀諸峴山漢婁縣
舊邑禾興與婁縣名尚存在今城東隅張昭洎
陸遜封婁肇自吳桓桓孫將軍仗鉞東南墟升
堂拜昭母情好昆弟如策臮受顧命擁權運謀
謨陳獵止酣飲禮下魏使東忠言不見聽託疾
歸里閭舉邦憚威嚴卒年八旬餘伯言繼後出
智畧雄萬夫權配以姪女數數詢良圖一從呂
蒙舉乃脩關羽書潛軍克公安徑進守宜都走

備夷陵城戲休夾石區相吳柄國命上疏陳立
儲赫奕兩侯功彌久而弗渝太守念妻誤報本
昧厥初滛祠既撤毀左道咸翦除改祠祀妻侯
像設崇屋廬復覩漢威儀清風肅貪汙遂令此
邦人車盖相填於雨晹及疾疫走禱来于于穹
碑紀顛末大刻龍騰拏于以告来者并解妻誤
愚麗牲歌送迎萬世奠厥居 祠

王御史墓　殷奎

御史春秋學䏍略專門陋見諸行事間大用亦

未究氣直沮權相憂深曠儲副復墓匪為眩所
思在耆舊

又　　　　袁華

有宋建皇極汴京鬱嵯峨仁化浹遐邇林林英
傑多崑山雖僻左風土粹而和明經擢高第踵
接肩摩御史鄉先生學術正不頗五經究始終
備論訂舛訛粵在宣和間褎然中巍科初主麗
水簿言事何委它說書輔春坊執法居諫坡從
容荅時相直氣淩太阿范公在館下詰責如切

磋卒為廊廟器詞源浩江湖高弟係隨程入室
非操戈宋史書列傳耿耿名不磨世變陵谷遷
百年無幾何城南新漕里荆榛埋銅駝景行世
仰止高風激頹波門墻既有限樵牧安敢過再
拜重興感臨風動悲歌荒苔封斷碣太息為摩
挲 相

李侍御墓　殷奎

李公論讀語探道悟淵微政推守令最名重諫
諍司生平信跌蕩之死氣不衰表樹限樵牧善

政故在兹

又　　　袁華

散步城南門始得圓明里冢上木已拱泉下者誰氏披榛踏青草羨門半貍豕勳閥表阡石云是侍御史力行敦古學名衡其姓李世家本江都娶婦居婁涘射策明光殿看花長安市出宰施善教矧肯猛政理至今松陵月清光照江水拜命登霜臺白簡冠獬豸上言論奸佞手將逆鱗批勢障狂瀾回屹立中流砥五賢一不肖賦

詠光傳記掛冠歸樂菴著述惜寸晷碩學冢易
經集傳發微旨豈唯淑後進千古垂範軌九原
不可作清淚何漼漼鄉里衆冨兒厚葬崇奢侈
黄腸題湊窖券臺文繡被可憐土未乾荒烟横
斷址後世仰高躅庶激俗靡靡復墓限樵牧何
異予朱子

劉龍洲祠　　殷奎

改之亦豪邁生世何落落抑鬱過宫書蹭蹬禽
胡虜悲歌能無動沈醉信有托新詞薦寒泉九

原詎可作

又　　　　袁華

劉君廬陵秀胸次隘九州倜儻負奇氣辛陳同
俠遊西登峴山首北望多景樓長歌過慟哭志
在復國讎異才世間出高揖輕王侯柰何攀桂
手不能占鼇頭肆情詩酒間文焰射斗牛崐山
非故里遂為潘宰留五十死無嗣埋骨東齋陬
星霜屢變易夷墓為平疇有司重封表勒石樹
松楸何人灑麥飯淒涼土一杯建祠立神主買

田供庶羞仁哉太守心祭祀亘千秋

綽墩　高啟

淳于曾解救齊優孟還能念楚卿嗟爾只教天子笑不言憂在祿兒兵城

又　周南老

談諧多滑稽啟寵納慢侮笑取玉環歡拍案盲胡舞天寶志欲滿侈心日益蠹宮車遠播遷魄喪漁陽鼓胡為王門優有此一杯土遂令村之氓猶能三友語

烏夜村

崑山玉南村祥光燭坤倪夜白奪明月群烏忽驚棲啞啞啼徹旦異此聲太奇村東何家婦夜半生王姬焉知荊布女后服榮翟禕至今村上氏不重生男兒

黃姑廟

黃姑與織女皖彼河西東胡為玉山側靈姑于以降褰帷拜靈姑宛然天女容黃姑即河鼓誰能辨雌雄神亦不為語惟民之所從有禱輒斯

應歲歲祈年豐

慧聚寺

梁寺依山險疊構傳鬼役殿大隨龍化遺基尚
神跡雲歸海氣昏石潤蘚花碧林蹬生春陰鍾
魚鳴午寂僧房見山圖佳勝皆目擊獨有雷火
篆靈異人莫識

登范公亭　　夏元吉

偶上范公亭亭幽景物清竹添新歲月樹掛昔
時藤老蠹隨人化孤禽向客鳴闌傾不能倚惆

悵下堦行

石湖書院　馮允中

偶向觀風訪石湖斷椿殘砌半荒蕪袖中秘牘能降虜仗下衣冠不負儒家學有源收甲第玉峰儲秀壯輿圖簡編流落鄉評在未讀遺文志已孚

又　吳祺

倬彼中丞府依然扁石湖晴波紓素練殘碣洗青蕪千古貽奎壁三吳入楷模書聲疑在耳芹

藻酹清酤

郎官渡　　偶桓

郎官渡口樹亭亭曾爲郎官繫綵舲足練壘連
三泖白聯螺晴漾九峰青風傳漁唱来前渚雪
壓鷗群下别汀老我猶存釣鰲手持竿從此欲
浮濵

少卿墩　　蒲壁

少卿墩下告功成排淪狂流勢已平片石豈能
鐫偉績千年猶得紀芳名派流震澤今重定源

比黄河又一清黎庶欣欣蒙潤澤田間擊壤樂
春耕

又　范能

少卿墩上瞰晴沙沉潦滔滔達海涯國有勛臣
勞贊畫民安生業及桑麻輕風吹浪牙檣動明
月浮空白練斜歸覲九重春正好紅香襯馬入
京華

尚書浦　蒲璧

尚書浦口匯成洪濬導還能繼禹功波影揺空

星拱北湍聲動地水流東畊鋤已復脩農業灌、何煩借雨工從此不須憂墊溺謡歌千載仰清風溉

清明約友遊崑山二十四韻

易恒

老逢節序感流年聊復追遊愧昔賢政以漸當脩禊日也宜仍詠舞雩天人時並值良難繼童冠相隨亦足憐耐可襟懷重弔古何煩羽翼遠遊仙寺因郊祐稱題勝境出闔荆點染玄塵世

流光嗟一日浮圖幻界詫三千海門翠割蓬萊股地軸蒼擎泰華巔危石墮雲爭一髮瘦節削玉過雙肩行廚傍午開僧閣啼鳥留春近客筵載酒敘嘔猶問字掛巾蕭散類逃禪寓形宇宙何今昔知己朋游孰後先道士步虛辭折簡校書寫韻擷遺編采芳未許芝同茹結佩空期璧共連谷應雄談驚鶴夢潭驚長嘯起龍眠青山與斯文契白日寧於我輩延造次雪盈明鏡裡等閒霞散落花前巨靈忽負鰲頭矗舊鬼潛

悲馬鬣遷碑蝕文章苔浸漬　迷翁仲草芊綿
烏鳶螻螘俱成累鍾閉山林各自便萬井村墟
杼軸半樓風月尚鞦韆雜英疎薄無多好新
柳纖柔有底妍略見愁隨身外遣謾憑句就醉
中聯秉時物色從教在即事風光豈偶然躡屩
歸来清不寐窮窓細寫白雲篇

遊崑山聯句

二月廿二日樓船下婁江破浪擊長艫楊維禎鶩
颸巘高杠海峰搖古色姚文奐石樹鳴悲腔躡蹬

屐齒齒張渥登堂鼓逢逢地險立孤柱劉詔天垂開
入窓烏升海光浴于立鳶騫風力降畨賦閱估
顧仲瑛越謡雜吳㕼仙樵椎結崒姚文奐胡佛凹眉
危婆律噴獅咢楊維禎琉璃昭龍釭曾軒坐疊浪
劉詔落筆飛流淙愛此韞玉石于立豈曰取火矼文
脉貫琬琰顧仲瑛寥韻含甖釭驅羊欲成萬楊維禎
種璧得無雙多令文章伯張渥萃此禮義邦龍駒
幸識陸姚文奐鳳雛亦知麗翠笄掉文舌顧仲瑛
衲折慢幢敏思抽連薾雄心闊孤鎪句神躍冶

劒才捷下水艭磬聲重寡和昂力輕群扛昆渠詩已就誰誚隴頭瀧楊維禎

過澱湖　衛涇宋參知政事

疎星残月尚朦朧閑入烟波一棹風始覺舟移楊柳岸直疑身到水晶宫烏鵶天際墨千點白鷺灘頭玉一叢欸乃一聲回首處青山渾在有無中

又

烟光萬頃拍天浮震澤分来氣勢優寄語蜿蜒

波底物于今還肎負舟

澱湖八詠

孫俊　邑人

澱湖風景訝天成水秀山明萬古情嵐樹光中禅刹聳鰲峰烟寺浪花堆裡客帆軽薛澱風帆數行征雁横秋月雁横秋月幾箇閑鷗浴晚汀鷗泛晴沙洲渚漁簑披雪釣漁簑釣雪野田農耒帶雲畊農耒畊雲春回楊柳揺金色楊柳春風風度薫蕿作雨聲薫蕿夜雨此景此情吟不盡仙遊何必到蓬瀛

寒食日過劉龍洲墓下

淩萬頃（宋進士）

曾隨薦鶚上天閽，肯信茲山泣斷䰟。百歲光陰隨酒盡，一生氣槩詩衹存。塚傾平地藤蘿合，碑倚空岩霧雨昏。縱是紙灰那得到，落花寒食不開門。

復龍洲先生墓

蘇大年

平生四海劉龍洲，高卧百尺元龍樓。買酒載花過黄鶴，江山依舊風雲愁。區區禮樂嗟南渡，江水奔流自東去英雄潦倒竟何成留得當年舊遊處墓頭無石寫征西墓中無金狐夜啼迷人荆棘不見路傷心禾黍秋凄凄浮雲夢境翻今古子孫散落歸何所有酒如澠醉世人一滴誰澆墳上土斯文契誼千載同驅除樵牧封玄宮蒼苔朽亦骨解語何以報德酬諸公梨花寒食東風曉野烟蒼莽迷芳草行人来往讀残碑仰天共歎英雄老君不見五陵無樹起秋風消沉萬古斜陽紅何如馬鞍山邊三尺墓多謝諸公

肯垂顧

又　　陳謙

馬鞍之山玉爲岡枯松樹下誰家郎龍洲雷電
卯金種墮地星斗爭光芒生来讀書目数行棄
金如土惟空囊妻兒啼飢不暇省烽火日夜憂
邊疆丈夫有氣吞餘子悲歌慷慨長安市滿眼
黄蕪單父臺髣髴曽從高與李扣閽上書動天
聽肯爲和戎受驅使功名自許還自笑依然槁
項懷才死爾来一百四十年無人灑飯東岡阡

郤憑才子掃銘碣為向吳儂索墓田劉郎劉郎不易得剪紙招魂一悽惻開禧到今今右何處處張旗收盜賊化鶴歸来應有言落花何許是家園梟鳴虎鬪風塵靜怪底空名百世存

又　鄭元祐

宋渡南如晉永嘉屈辱更甚慚栖鴉賢才盡甃賊檜手君相甘同魯婦嫠孝皇悲憤痛莫雪士逃竄誅能幾家翁也諸侯老賓客有淚每落西風笳南楼載酒桂花晚經綸志在言非誇且將

南山扶虎穴豈但東海刳鯨牙長歌之悲過慟哭況聞遠雁来龍沙林蘇與白出處異便欲呼起能無譁醉鄉生死忘今古酒熟蒓香魚可叉和戎自有祈請使經天非無博望槎瞪視乾坤謝軒冕朽骨深瘞山之涯妻江東流山蘊玉翁也墓此誰痴瑕荒陵無人灑麥飯廢塚有樹開梨花熒熒鬼燐出松塢想翁来遊路匪賒

又　　潘純

夷門王氣横江来秋風落盡梁宮槐鳳凰山頭

駐青蓋海門樓閣空中開五國城荒雪如席寒擁旃裘兩宮泣帛書不繫雁南飛衰草黃雲淡無色君臣自謂虞重華不識何如司馬家鳳笙龍管將進酒玉蘭羯鼓方催花白頭遺老空惆悵鐵鎖長江幸無恙獄中誰抹岳將軍人間知有秦丞相搢紳之士皆汗顔山林氣壓居庸關那知義胆忠肝者弗在貂蟬玉佩間何人好事高千古愛此淳風似鄒魯咸陽寂寞漢諸陵慚愧劉郎一抔土

又　　郭翼

岧岧馬鞍山下有龍洲墳圖經索靈跡窈窕松岡原昔人誌其墓字字忠義言文章固餘事耆老尚能傳百年井邑改故物或不存鬼神為呵護英靈豈終泯東齋得故地樹石表高阡青山亦、觀蓬顆復欣欣處士梅花祠明月采石魂仁賢宜有後天道胡可論中原望不極臨風酹孤尊黃鶴忽飛来翅首西江雲改

又　　范天與

儒冠不入紫宸班落落高風竟莫攀曾有封章投闕下尚餘詩句在人間聲名已共秋雲散精爽應隨夜月還千載穹碑表遺墓為持尊酒酹空山

又　盧熊知兗州

征衣破帽老騎驢籍甚才名總不如發憤每陳平虜策匡君曾上過宮書苔封斷碣秋煙外草暗荒祠刼火餘欲奠椒漿歌楚些西風落日更躊躇

過龍洲先生墓下有感而作

謝應芳 毘陵下

目光如電氣横秋北望龍山萬里愁𨿽主首陳天下養和戎深為國人羞獨園埋骨黄金地上界脩文白玉樓一代人豪今寂寞春風蘆葉自汀洲

又

范從文 戶部主事

古塚蒼崖畔殘碑蔓草中陳辭能勸主持節肯和戎健筆詩無敵清尊酒不空斯人今已矣千

載仰高風

同鈕菴叔登玉山絶頂復還東麓過東齋

遺址弔龍洲先生墓

沈愚

玉山絶頂高崖嵬西望不見姑蘇臺青楓陰沈
崖谷暝綠水迴繞川原開雲邊遥聞天樂度霧
裡或訝仙人來下方城郭在何許蜂衙蟻陣飛
黄埃吾生未逢倜儻士仕心慕英雄才龍洲先
生祠宇下斷碑殘塚埋荒苔臨風把酒酹幽魄

長林落日猿聲哀空

和　徐庸

青山十髙里崔嵬陰陰古木藏幽壑深岩邃谷相掩映墓雨曉風花自開龍洲仙人去已久華表幾時為鶴来北虜憑陵耀戈戟中原城郭生塵埃布衣空負濟時策廟廊豈知難用才至今忠憤未能雪惟見斷碑添緑苔登臨容易慘詞客林逈更聞啼鳥哀

和　杜瓊

重岡疊嶺多崔嵬勝遊不上吴王臺獨穿林麓尋古墓幾樹石楠花正開星霜已久祠宇廢榛莽亂生樵牧来緬思昔日忠義膽區區為國存消埃枩何廊廟無遠略碌碌餘子皆庸才英雄一去事寥遠但見夕陽明翠苔耕漿麥飯有誰奠謾賦楚捁心更哀

和　王越

昭王宮闕高崔嵬求賢尚築黄金臺此心為在雪遺恥府庫漸豐疆土開當時宗都偶失守渡

江白馬東南来蘄王已老岳王死誰能仗劒清
氛埃先生何為重恢復區區欲展經綸才百年
事往名未泯殯宮暮雨生青苔棲霞嶺上更悽
慘白楊無主秋風哀

和　曾蒙簡

宋季妖禍甚馬嵬奸臣僭踰銅雀臺宋室分崩
限南北天地黯慘何由開西江劉郎湖海客提
策叫排閶闔来臣心直欲雪國恥臣力可以祛
邊埃柰何當時斥不用徒俾後世稱良才玉山

倥侗好奇士追尋斷碣摩蒼苔蒼苔蒲眼白骨
朽一曲高歌千古哀

和　　　　　　　　　　　　顧恂

龍洲雅望山崔嵬酒酣曾上梁王臺少年激烈
負奇氣憂時懷抱難為開平生愛探山水窟爇
肩斗酒江東来高歌不放酒杯歇欲洗萬斛胸
中㶧貫生有策不爾用淹留竟使成遺才一片
青山掩黄土半函白骨埋蒼苔我欲登臨訪遺
跡白楊風急清猿哀

和　　　　朱夏

龍洲志節何崔嵬旅遊曾過吳王臺可憐身世值離亂胡塵障天昏不開宗澤云亡岳飛死誰率部曲勤王來欲收功名効尺寸獻書字字無俗埃柰何權奸主和議渡江竟遺經濟才𢧐肩斗酒聊自適老死岩壑埋荒苔徘徊東岡古祠下載拜企仰心含哀

重過龍洲先生墓下得南字韻　　沈愚

宋祚中微厄陽九汴都傾覆遷江南虜塵迷茫
暗寰宇紛紛冦賊多如蠶兩宮北狩夢魂遠四
方征戍愁丁男鳳凰山頭起行殿金碧炫燿浮
晴嵐芸夫牧豎登館閣輿奴皂隸居臺彖廟堂
卿相才瑣瑣帷薄褻御聲諵諵偷安海角定和
議忘讎忍辱寧無慚龍洲先生豪傑士胸中磊
硊深包含讀書素慕魯連節肯隨邪佞容奸貪
况當干戈亂離際欲扶大厦須楩楠發憤填膺
扣丹陛忠言逆耳驚昏憨時乎時乎未云遇半

生落魄情何堪交游辛陳二三輩詩詞往返聆高談放歌徘徊湖海上黄金換酒從沉酣崐山賢宰舊知己邂逅一笑聊停驂倏爾騎鯨上天去凄涼抔土空苔龕漆燈無光香灺冷行人回首東林菴紅橋縈紆楊柳渡緑水蕩漾芙蓉潭嗟予自是好奇者尋幽訪古今彌耽幾度經過斷碑下秋風短鬢吹毿毿

題龍洲先生遺像

文章人物邁時流袖拂天風萬里遊黄鶴樓前

江月白買花沽酒醉中秋
中原望斷獨興哀懷抱憂時欝未開斗酒兡肩
風雨夕為誰辛苦渡江来

題劉龍易蓮峰二公墓
陳諤

改之太初墓相望玉峰南同是廬陵客皆年五
十三高風淩峭壁清韻薄寒潭回首幽冥路雙
碑空翠嵐

賀樂丈先生南郭新居

范成大

新堂燕雀喜竹籬掛藤蘿崩奔風濤裡得此巢龜荷西山効奥氣南浦供清波會心不在遠容膝何須多先生淮海俊踏地嘗兵戈飄飄萬里道芒鞵厭関河風吹落下邑楚語成吳歌豈不有故園荒垣鞠秋莎無庸詠當歸到處皆南柯卜遷不我遐一水明青羅閉戶長獨　李容剡啄何會蒼苔石屐齒如蜂窠

題西齋壁勉諸生一絶句

林鍾

廪食居黌舍差徭不到門右非勤問學何以答

皇恩

題沈南卅北山草堂　易恒

愛此幽居泉石間蒼苔門径落花閑曾見回仙

訪東老況有草堂棲北山陰崖寒灑古冰雪晴

峰曉嵒新髻鬟老夫不著登山屐十載泖闉空

掩關

鹿城隱居爲公武題

避俗麗公隱鹿門鹿城静亦絶塵喧釣緣水北菰蒲渚窓俯江南桑楮村書蠹字殘緗汗簡石魚銘古刻窪尊地偏舟楫稀来往獨有烟潮到岸痕

鄉飲酒禮詩　　魏覩

倫序明於上而民孝敬生由來鄉飲禮爰即泮宮行父老交相慶

君王致太平遺文稽漢制多士集周楨酌醴遵毛齒歌詩達性情歡聲騰几杖雅韻協琴笙俎

豆隨豐儉尊罍事潔清觶揚勤拜洗樂獻勉趨
極西北賓從義東南主受榮介僎分長次贊輔
間耆英階阼嚴升降門屛謹送迎四筵時合歲
三讓月逢庚子弟諸家暨生員六庠弁周旋皆
中節講習不踰程整名垂紳帶常如佩玉珩威
儀多可度耄耋廿餘名難老崑山叟平居畎畝
跟百齡過十歲兩目且雙明流俗同觀感淳風
喜遂更洋洋聽讀律亹亹念推誠政乃存綏撫
人其息鬬爭還家親塾訓務本力農畊至道凝

和氣殊恩簡役征鄙夫千載遇盛禮一朝成
猶籍斯文殷勤爲作銘

復龍洲先生墓　弘治庚戌　楊子器

世路踦蹺功名蹭蹬天涯蹤跡無聊貧寒徹骨
猶幸有綈袍叵柰老蒼情薄風塵裡困殺英豪
惆悵旅魂飛散更楚些難招　悠悠千載下有
知己者想像風騷謾摩挲斷碣細認前朝廟貌
重新興復香火事付與吾曹從今後大家照管
風雨莫飄颻

右調滿庭芳

費復初政績詩　柯九思

漢朝方重二千石黄霸今稱第一人駟馬雙旌頻出守鳳凰五色或来馴大田黍稌豐年樂泮水絃歌此日新退食歸来閒暇甚青山滿郭又行春

別叔父崑山丞　陳無已

父子兼知己扶攜共白頭来為千里别未使寸心休鳥雀空庭曉風霜落木秋近親零落盡更

覺别離愁

送衛狀元著作提舉淮東五首

樓鑰

漢庭早已冠群仙闊步登瀛最少年切嘆豈惟年巨及入門才業總翹然

通泰牢盆亘海濱宅家專欲用儒臣淮南草木生顏色又見頭第一人　龍

虎榜先登到鳳池前良多以十年期雖知勇退急流去壯歲功名會及時

羨君持節拜庭闈未老雙親着綵衣若遇蓋公
煩問信坐曹日念舊遊稀
屢從尊酒接從容叔寶風姿照座中它日相逢
年益老碁壇尚可角雌雄

提刑察院王丈挽詞蓀

范成大

喻蜀三年戍還吴萬里舡雲歸雙後節雪白短
檠前百世春秋傳十丘陽羨田浮生如此了何
必更湊烟

日者悲離索公今又眇冥門人辦韓集予舍得葦絰此去念築室空來聞過庭平生無路見絳

古泣松銘

挽寶應李丞衡子　趙綝

風節言言仰樂菴有孫如此亦何慚迺翁種學吏隱之子能文人共談克儉成家初不易以仁睦族久相諳倫然蟬蛻無留滯欝欝佳城倚翠嵐

去、稱壽宴華堂亦俾衰翁共一觴矍鑠精神身

似壯從容談笑味尤長戢松忽作長淮去徹籍
圖幽壤光齋志未伸公已矣卻憐病子亦淪
亡秋
又
凌萬頃
獨將心事摟西臺甲第崢嶸兩處開覘畫已於
平日定功名方向晚年來蕪城鶴斷春江暗雪
水鸞歸夜月哀第一可憐惟病子醉騎鯨去
相陪
晨香野褐誦經文處富無驕見所存金玉萬珍

餘事業詩書一脉在兒孫樓窺北斗魁躔近墓拱中峰土氣温况是寒宗真肺腑頗看弓冶振清門

輓殷孝伯　易恒

已矣殷文懿由来德業優士評先月旦書法老春秋醇酒心俱醉明珠買莫酬修文從地下空憶舊風流

嘅彼斯人已天胡不假年還鄉惟旅櫬載道有遺編雲斷千山外天低一鴈前難兄有難弟大

次王友恒先生懷韻五首

汝易勤著述聞説又移居閉户修山志開軒寫韻書跡踈苔徑屐酒雨窓蔬故舊凋零盡都成一夢如

右表子英

近謝苕溪寺歸来問舊居那知一見面遠勝數脩書薄薄故人酒蕭蕭荒圃蔬世情今日異江月自如如

與子同門友睽離久索居干戈春辟地燈火夜

觀書不厭魚鰕侶寧辭筍蕨蔬白頭老兄弟空

憶少年如

右王友恒

季也何清慎安貧久索居求田將辟地教子只

收書童稚留園叟盤飧雜水蔬通家已三世知

子莫吾如

右馬公振

右朱季寧

雎州欣有子曾向鹿城居詩後皆新語家貧尚
舊書入饌有魚鱠留人惟草蔬一門稱孝友薄
俗近何如

右吕克明

索陽莊爪寄玉山　柯九思

穀雨初乾可自由荷鋤原上倦還休醉迷芳草
生春夢誰識東陵是故侯

踏車歌　夏元吉

東吴之地真水鄉兩岸滂漲非尋常稻疇汱裂

走魚鱉居民沒溺乘舟航
聖皇勤政重農事　玉札頒来須整治河渠無
柰久不修水勢縱横多阻滯爰遵圖志窮源流
經營相度嚴諮諏太湖天設不可障松江沙遏
難為謀上洋鑿破范家浦常熟挑開福山土玉
峰水接白茅河浩渺逶迤勢相伍洪荒從此日
頗消只緣田水仍齊腰丁寧郡邑重規畫集車
分布田週遭車兮既集人兮少點檢農夫下鄉
保婦男壯健記姓名盡使踏車車宿潦自朝至

暮無停時足行車踏如星馳粮頭里長坐擊鼓
相催相迫惟嬀遲乘舟曉向車邊看忍視艱難
民疾患戴星戴月夜忘歸悶倚蓬窗發長嘆噫
嘻我嘆誠何如為憐車水工程殊跰生足底不
暇息塵垢滿面無心除數内瘦瘵多困極飢腹
枵枵體無力紛紜望向膏粱家忍視飢寒那暇
郵會當朝覲黄金宮細將此意陳重瞳願令天
下游食輩扶犂南畝為畊農

江南婦　王冕

江南婦何辛苦弊衣零落裙斷腰赤脚蓬頭面如土日間力田隨夫郎夜間緝麻不上床緝麻成布抵官稅力田得米歸官倉官輸未了憂鬱腹門外又聞私債促大家揭帖出陳帳生穀十年還未足大兒五歲方離手小女三周未能走社長呼名散户由夏季官鹽添兩口舅姑老病毛骨枯忍凍忍飢蹲破廬殘年無物做慈孝對面冷淚如流珠誰家女兒顏如玉能撥琵琶調新曲珠翠滿頭金滿臂日日春風迷酒肉五侯

七貴爭取憐一笑可博十萬錢歸来重籍錦繡
眠不信江南婦人單被穿

李節婦詩并序　張紳

崑山李節婦傳國子學潛夫陳先生所作節
婦年二十而夫夭死夫死無子守節者二十
有四年今年幾五十嗚呼李氏誠可書也余嘗
居崐山惟聞有王節婦一人不知有李氏盖
王素多貲李甚貧鄉里不為之表白故不見
稱於人人天下之無間於世者多矣今制天

下郡縣鄉保立申明亭以罰惡繼又立旌善亭以賞善余行南北見申明所列姓名甚多而旌善獨無一人豈真無其人也人之不樂稱人之善邪善人之不得聞於世豈細故哉雖然李氏節行能使國之先生文之名公卿詩之天理豈不皎然明白邪它日良有司必有能承

上旨意列名旌善光表其門者矣李氏之夫水氏名得為賦崑山五章四句

崑山之陽有玉温兮惠也如玉不可焚兮
崑山之陰有石儼兮惠也如石不可轉兮
上有别鶴巢於山松鶴唳皎月松號悲風
上有孤鸞栖於山柏鸞翔閑雲柏老積雪
松柏可摧鸞鶴可伍惟此玉石勒名千古

又　　袁華

繄節婦李剛而毅伉儷再期旴天逝蓬首垢面
屏簪珥鄰媪媒蘖言以説下無兒息傍無恃煢
然孑立非遠計指天　日矢不貳引繩自經明

已意伯姊往救出死地絶而復蘇孚浮議荐離
變故拔荒裔執言不回身死義放還鄉閭行益
厲朝昏紡績供飲食聚兄姊孤一室内撫育教
詔右已出真哉沈江逮火斃之死靡它柏舟誓
悲歌黄鵠以見志禮宗駡賊速盡惠景行義桓
旌厥懿縊車刺嫂刀割鼻剪髮投井斧斷臂縻
節婦李真可儷陳子作傳庶無媿於爭偷生等
大氣

曹節婦　　王達善

夫死西江外，妾居東海邊。秋燈成獨守，夜月不同圓。一室生涯淡，清風節操全。信知天有報，家業賴兒傳。

彭貞烈婦　龔詡

玉峰城南溢瀆許，鄭家弱息彭家婦。奉操井臼方及周，夫死能將死相許。一朝鴛侶各分飛，勇赴深淵如樂土。但求尺璧完無虧，豈顧孤嬰飢哭乳。坐令濁水投寸膠，頓使中流橫砥柱。堂堂大節世所稀，碌碌偷生安足數。居不見巴陵女

死不忘君越水娥沉終抱父同作綱常萬古師
未可輕看小兒女

顧烈女

不肯偷生願殺身死餘方信此情真誰知泰華
高名節卻屬閭閻小女人已了一生心不愧永
傳千載氣常伸世間多少男兒尚負忠君與孝
親輩

崑山縣志卷十三

# 崑山縣志卷十四

文林郎監察御史邑人顧　潛　編輯

## 拾遺

漢桓帝時吴郡太守薛固為法吏所枉下廷尉婁縣人卞崇與同郡人錢讓詣闕稱寃廷尉因崇等以兵圍守苦毒持之崇讓恬然自若枉聲彌厲天子聞而奇之遂赦固罪

晉建興二年有迦葉維衛二石像泛海浙流至聖像寺前數百人不能舉光彩見七晝夜佛書

所謂吳中二佛里人趙罕因捨所居建此寺

晉蘇峻反遣其徒管商攻吳郡焚吳縣海鹽嘉興敗諸義軍峻敗後其將劉徵率衆數千浮海入婁縣太尉郄鑒討平之

烏夜村晉穆帝后何淮女淮寓居縣南産后于此臨産之夕有群烏夜驚於聚落爾後烏更鳴衆異之遲明有大赦

隋大業九年劉元進舉兵應楊玄感將渡江而玄感敗吳郡朱燮時為崐山博士知天下將亂

謀起兵赴者如歸自東陽至京口千餘里並受
㸌節制㸌長不滿七尺涉獵經史微知兵畧云
唐武德中閩人遂安據崑山杜伏威使王雄誕
擊之以崑山險隘難以力服乃單車造城下陳
國威靈語以禍福遂安乃率諸將出降
唐光啟初劇賊剽崑柖討使周寶遣將張郁戍
海上郁叛刺史王藴不設備郁遂大掠藴嬰城
守寶遣兵討郁郁保常熟走海陵
淮將楊行密寇姑蘇别將秦裴屯崑山吴越將

顧全武擊裴圍之裴援絶不降全武以檄諭之
乃納款
宋蒯恩字道恩蘭陵承人從武帝征孫恩膽力
過人甚見愛信戰于婁箭中左目
龍柱在慧聚寺中梁張僧繇畫龍其上後龍數
出在湖僧繇復畫鎖鎖之唐會昌中寺廢以柱
入郡中至宣宗大中間寺復興以柱還淳熙中
寺火柱遂燬又有二柱於雷火中有天書如大
篆一勑溪火三字一蜿蜒蟠結若符篆不可曉

字大小近二尺許好事者或模印之
後唐時慧聚寺紹明律師居半山彌勒閣一夕
夢神人曰簷前梧桐下有石天王像與銅鍾師
宜扣之詰旦掘地果獲二物形制極古前輩嘗
有詩云一旦石像欲發見先垂夢鳴髙岡
宋咸平元年夏四月縣有漁婦李氏張罾河上
得一白龜如錢大其色玉瑩黿睥朱尾宫畫燦
然婦取歸授兒為戲又恐傷之放於河頃之龜
復在網如是者三婦怪之復棄去中夜岸有火

熒熒往観之白龜在焉因取而歸近村王道留
龜置神像前失之私念此或靈物若處禱當復
見則必獻於官守禱之忽自鼠竇中出精瑩愈
於前迺收獻獻於縣令李維維上之郡時陳省華
守蘇異而神之曰麟鳳龜龍王者之嘉瑞今見
於是豈天意俾余尸之以告新駿命邪即具表
以聞時張君房客於蘇省華以白龜事訪之君
房曰按孫氏瑞應圖龜千歲巢蓮葉之上其出
也將以應千歲之運乎且其色白白西方也豈

其應出西戎乎龜者歸也西方其有逆命不庭之虜畏威懷德歸我乎哉明年朔方叛師李繼遷貢馬請命遂有銀夏綏宥四鎮君房嘗為之頌省華尋徙漳州明年秋試進士以崑山進白龜詩

嘉祐中崑山海上有一船桅折風飄泊岸船中三十餘人衣冠如人人繫紅鞋角帶著短皂衫見人慟哭語言書字皆不可曉行則相綴如鴈行久之自出一書示人乃唐天祐中告授屯羅島

首領陪戎副尉又有一書乃上高麗表亦稱乇羅島皆用漢字蓋東夷之臣屬高麗者時賛善大夫韓正彥為令召其人犒以酒食且使人為其治桅檝以起仆之法其人喜各捧首謝而去船中有麻子大如蓮的土人求種之初歲亦如蓮的次年漸小數年後只如中國麻子　唐高麗國進陰陽柏兩株高纔二三尺高宗以賜王絢絢種於永懷寺殿庭左右後柏高與殿齊每歲左枝則右實右枝則左實

淳熙間華亭縣民浚河得一碑云天寶六載黃池縣令朱某葬于崑山縣全吳鄉孔子宅之西南今孔宅乃在華亭北七十里海隅鄉

建炎四年二月二十五日胡騎犯姑蘇宣撫使周望移舟退保崑山泊舟馬鞍山下湖邊吏方用印忽旋風入舟印與文書皆隨水相視駭愕急使水工探之不獲望懼胡兵之來襲欲急走通惠鎮而失印為挽留吏求之吏禱于山神靜濟侯曰苟不獲且將得罪必焚廟而行縣令亦

懼乃作堰捍水踏車涸之畚鍤如雲鑿數尺即
已淪泥中矣
淳熙中崑山縣有一道人誦讖云潮過夷亭出
狀元李侍御以語知縣葉子强遂建問潮館于
駟馬橋下後潮過夷亭衛涇遂魁天下弘治初
連歲大水潮復遠過夷亭癸丑丙辰二科毛朱
皆狀元人謂舊讖之驗云
馬鞍山西有文筆峯相傳宋孝宗時魁星見於
此衛涇　及第

衛文節公遺誥

勑精神折衝允屬元戎之寄股肱宣力無如舊弼之圖其責重故選任不輕其望尊故體貌亦異肆頒褒績增賁藩符端明殿學士太中大夫提舉臨安府洞霄宮崑山縣開國伯食邑七百戶食實封一百戶衛涇重厚而閎深溫純而直諒儒珍久晦經綸富有於胸中政瑟既更風采聳聞於天下越陪國論茂簡予衷進務寅恭賛鹽梅於商鼎退全明哲祝香火於漢祠朕方興

共理之思卿可袖旁観之手賸言巨鎮莫右長沙潢池甫息於繹騷全楚尤資於綏撫載疇碩德式昇隆名仗元帥之權借重十連之勢亞紫宸之秩均聯兩地之華以示眷懷以光委注噫申伯之憲文武用作式於南邦賈傅之陳治安竚見思於宣室往攄昕蘊毋薄此行可依前太中大夫特授資政殿學士知潭州軍州事兼管内勸農營田使充荊湖南路安撫使馬步軍都總管封食實封如故奉勑如右牒到奉行嘉定

五年正月二十二日
崑山翠微有主僧冲邈年八十有八平生好為詩所著號翠微集姚舜明侍郎嘗贈之詩云僧蜡俗年俱老大儒書佛教舊精勤姑蘇一萬披緇客四事無如彼上人邑宰蓋嶼亦有讀翠微集詩云聖宋吟哦只九僧詩成往往比陽春翠微閣上今朝見格老辭清又一人
崑山周煥卿與張子韶侍郎為布衣交相與之意極厚煥卿有母喪貧不能舉及有妹未嫁子

韶自貺所專价齋錢銀供其費書辭懇惻讀之
令人悚然九成頓日候車馬之来乃杳然無耗
不勝瞻仰即辰孝履多福九成此間學生例不
受其束脯有信州劉益秀才在此多時告以公
未葬母及未嫁妹許以二百千之助今付去半
則銀三挺錢二十五千足掩子内角子有九成
親批字絡宗三字及兩頭有如此二字及封即
令遣去親随兩人便令歸也齋去此物時已焚
香對諸聖願公無障難幸見悉也它節衰自重

不宣九成再拜首

王彥光察院之伯祖諱僖字康國居太學有聲鄉人謂之王學正識與不識皆尊敬之有堂名逸野以累試不利日遊適其中讀書自娱其持身治家甚嚴鄉中率以為法彥光自幼知讀書乃學正公之訓也平生無子葉大年挽之云書劍當年游上都賢關蟲篆校諸儒文華燦燦九苞鳳俊氣騣騣千里駒妙質競誰揮堊湯白頭空此死樵蘇遺編殘藁應猶在搔首令人益嘆

吁又云遺文膾炙在吾鄉賦罷誰能少薦揚聲迹有妻先夢蝶行藏無子付絣方雲蘿烟蔓新泉宅秋月春花舊野堂交倡彩牋真翰墨幾人知為寶巾箱逸野堂今尚存王氏舉族祀之不絶至

樂菴先生遺訓

吾寓形宇内七十九年蚤雖困於百羅晚僅全於五福死期既至勢不可留雖一念不生本無去来而四大假合終歸敗腐瞑目以後當付囑

者今具畫一嗣宗輩一一各遵守之
一此間土薄水淺因循不曾辦得直撥漫試圖
之以小為貴僅可周身足矣其間不置一物雖
冠裳亦無用只裁一摺席籍背可也
一汝祖父母安厝皆有棺無槨只以磚砌以石
版覆之足矣七七或百日內不須選日便埋埋
了只就家中供養
一親識賵贈依例收留第經錢折祭之類一文
以上不可受

一僧道禮數雖經疏亦不可收受若欲在靈帷
前持諷則又大不可但以此示之
一應干錢米收支文字在櫃中今歲田產可便
作五分分之以一分抄上周急薄逐年輪一兄
弟掌管置曆收支如成娘之類歲撥數十千與
作營運遲之歲月何有不辦如此等孤遺皆當
賑恤
一吾既往之後歲時祭祀隨家豐儉由禮可也
若齋僧一員念佛一聲非吾子孫此意是真報

答是真供養上士聞之當不復疑中下驚怪非所恤也

紹興元年平江府崑山縣石工採石而山摧工壓焉三年六月它工採石隣山聞其聲呼之相應答如平生鑿石出之見其妻喜曰久閉乍風肌如裂俄頃聲微噤不語化為石人貌如生

宋兵部郎中朱貫嘗偕杜祁公宴游為睢陽五老會時人圖之五世孫子榮南奔渡江年甫六歲初抵瓜步津舟人需渡錢無有因為竹篙拄

墮江津俄而舟過丹陽子縈亦登岸舟人驚問
曰吾附柁来衆歎異同渡僧允謙攜以詣吴郡
守賈青青故慶曆相魏公孫賓與朱氏世契乃
托居史元長家及長好學仕止朝奉郎直秘閣
此崑山朱氏之始今五老圖在朱侍讀希周家
至正己亥間虎丘山西有古墓為築城所發其
首行題曰高府君夫人詔授崑山縣信義鄉居
馬氏墓其誌云子玄楷上柱國開元二十二年
葬蓋信義古縣名也今屬朱塘鄉

玄雲石衛文節公園内石也知州費復初勸農於郊見之徙置明倫堂前陳曾撰銘

洪武初邑民歸度為仇家所搆脫走巴蜀閩困苦萬狀至播州丁山會日暮投民家俄有偉貌人就寢謂度言山中多盜賊因抵掌曰吾以束草為標汝循標過山有大石名碁盤可尋吾家汝無患矣吾諸姓也黎明别去度從其教循標行三十餘里聞雞犬聲見道傍大石有畊夫扣之曰此碁盤石也且言人無至此者度以諸言

告之衆瀕拜曰此吾丁山諸神也有廟在焉數十年前嘗導人至此衆駭異競邀度歸羅酒漿款數日而去後還峴年九十六而卒

洪武六年江夏魏公觀守蘇州以孟冬吉日癸未行鄉飲酒禮于郡學賓僎之外又特位三老人曰崑山周壽誼年百有十歲曰吳縣楊茂九十有三歲曰林文友九十有二歲皆形充神定行坐有禮越五日周老人還崑山公躬出婁門之外再拜以餞都之士女觀者快焉以爲幸見

右見王彝鄉飲酒碑銘

馬鞍山陰疊浪軒面湖水數百頃宋時有識者曰車干水宜良田令湖為桑田久矣

山陰花溪蔣貴達先生司訓崑庠贅實敢言一日郡守況侯鍾行部侯嚴不敢近先生遽進告曰頃見郡中新刻忠經大非是馬融何如人其言何可經也衆為之驚慄侯待之殊從容徐曰偶見此本改則未敢耳

余尚書茂本一日方與諸生會饌一徽行老御

史坐明倫堂諸生出見御史曰黄米飯香青菜
熟諸生有能對此者乎茂本應聲曰白頭人老
赤心存御史大奇之
盧先生公武弟公暨爲睢州同知公武寄以詩
有虀鹽清夢穩鐵石古心存之句時人稱之其
家尚存中書舍人告身
高皇聖製也
黄鐸永樂中舉人性耿介嘗授徒崑城自題其
座隅曰非公事不入縣門里中子弟從之學三

目不授書唯命以正立必欲堅不動或怪以爲問曰讀書易耳爲人難苟坐、未當它何望焉識者以爲善教未仕而卒鄉里惜之
縣城南有女瘖不能語素不知書忽自解悟能篆書其所書金剛經碑尚在馬鞍山北碑陰大書西方極樂世界六字古隸體也
壓雲軒旁有小柏數株邑士胡清賦詩云栽傍岩隈未足看謂言斤斧莫無端它時直入掄材手不獨青青保歲寒後有一文人作淅漕因到

山中見之大喜尋訪其人厚禮以待之既憐其貧遂給官田胡由此致富

黄姑織女

崐山縣東三十六里地名黄姑古老相傳云嘗有織女牽牛星降于此地織女以金篦劃河水湧溢牽牛因不得渡今廟之西有水名百沸河鄉人異之為之立祠按荆楚歲時記黄姑者河鼓也牽牛謂之河鼓

崑山縣卷十四